双减、新课标
多维解读与创意实践

黄金红 张京涛 王红顺 / 著

SHUANGJIANXINKEBIAO
DUOWEIJIEDUYUCHUANGYISHIJIAN

山东文艺出版社

图书在版编目（CIP）数据

双减、新课标多维解读与创意实践 / 黄金红,张京涛,王红顺著. —济南:山东文艺出版社,2023.9
ISBN 978-7-5329-6921-0

Ⅰ．①双…　Ⅱ．①黄…②张…③王…
Ⅲ．①中小学教育—教育政策—研究—中国
Ⅳ．①G639.20

中国国家版本馆 CIP 数据核字(2023)第 108672 号

双减、新课标多维解读与创意实践

黄金红　张京涛　王红顺　著

主管单位	山东出版传媒股份有限公司
出版发行	山东文艺出版社
社　　址	山东省济南市英雄山路 189 号
邮　　编	250002
网　　址	www.sdwypress.com
读者服务	0531-82098776(总编室)
	0531-82098775(市场营销部)
电子邮箱	sdwy@sdpress.com.cn
印　　刷	山东新华印务有限公司
开　　本	710 毫米×1000 毫米　1/16
印　　张	17　插页/2
字　　数	196 千
版　　次	2023 年 9 月第 1 版
印　　次	2023 年 9 月第 1 次印刷
书　　号	ISBN 978-7-5329-6921-0
定　　价	58.00 元

版权专有，侵权必究。如有图书质量问题，请与出版社联系调换。

每一篇文章都是一把钥匙

褚清源

"双减"背景下的课程教学改革被赋予了新的使命和内涵,因为减负的本质是通过激趣实现课堂上的提质增效。伴随着"双减"的有效推进和"双新"对课程教学改革方向与路径的进一步校准,越来越多的教师开始投身到新的实践中,或主动卷入,或被动执行,总之,走向教育高质量发展的新行动、新样态已经大面积发生在课堂内外,一场自上而下的新时代的课程教学改革已经拉开帷幕。

《义务教育课程方案和课程标准(2022年版)》的实施,确立了基础教育课程教学改革新的风向标。如果简约概括,风向标主要体现在两个字上,即"深"和"大"。

所谓"深",即课改进入了深水区和深化阶段,深化的典型特征可以概括为"素养导向、综合育人、实践育人"。这意味着基于素养导向的教学必然走向学科实践,走向"做中学""用中学""创中学"。

所谓"大",即大概念、大单元、大任务、大问题。这里的"大"不是大容量,而是大视野。这其中大概念是核心,是用来聚合知识的。大概念可以更好地搭建起知识间的桥梁。这意味着一线教师要在实践中逐步从教知识、教方法,走向教大概念。

显然，无论是"深"还是"大"，对于一线教师而言都是巨大的挑战。如何从实践层面认识和理解新课标？如何进行大单元教学？践行新课标需要哪些新思维？这本书中都做出了具体而微的回答。比如，书中梳理了一线教师需要理解的新课标中的新理念、新概念，如真实情境、目标指定、教学评一体化理念与设计、教材整合、学科实践活动设计等，并用通俗的语言逐一进行详细解读。

从这个层面说，这是一本非常及时的指导教学实践的书。作者以落地思维和创意实践，回应了一线教师的课改之需，纾解了课堂教学的行动之困，廓清了落实课标的脚下之路。关于双减和新课标，书中既有理念解读，又有方法支持，尤其是一些具体的方案和建议，具有很强的实操性，是一本难得的工具书。书中的每一篇文章都像是一把钥匙，可以帮助一线教师打开深化双减和双新的大门，进而去窥探门内的奥秘。

这本书为什么如此接地气？很大程度上是因为这本书是实践的产物，是深耕学校教育教学的结果。这本书还是不同岗位的行动研究者"协同研究"的成果。作者黄金红老师是区教研员，张京涛是校长，王红顺是研究者，三人把实践中的问题提取出来研究，把研究的成果在实践中印证，可谓一个高度自洽的行动研究共同体。其中，作者王红顺可谓理论研究与实践研究的转化器，他通过大量的研读，总能把高深的理论或艰涩难懂的概念转化为易于操作的实践，又能把一线教师朴素的教学实践加以凝练提升成为可迁移、可借鉴的成果。

期待更多读者能读到这本书，期待书中的创意实践能带来教育教学的实质性提升。

（作者系中国教师报编辑部副主任，兼任《中国教师报·现代课堂周刊》主编）

目录

双减、新课标多维解读与创意实践

▶ **第一篇　双减政策的多维解读**

作业、考试新要求——一所学校的个性化解读　/ 3

作业减量提质需要教师答好这"六类题"　/ 6

一线教师要处理好五种关系　/ 11

对学校高质量发展的深度思考　/ 15

作业减量提质八个小招数　/ 20

双减政策在学校层面如何落地　/ 26

如何引导学生尽快适应双减后新生活　/ 33

学校双减实施2.0版应该怎么进阶　/ 37

期末考试新的打开方式　/ 42

课程思维让延时服务提质增效　/ 48

与双减理念匹配的分层教学新形式　/ 52

新学期减负提质的五条微创教学管理创意　/ 56

提升教与学效率的二十条核心经验　/ 61

▶ **第二篇　减负提质创意与实践**

提高教学效率的九个金点子　　　　　　　　　／69

早读课等五大课型禁忌四十六条　　　　　　／80

上公开课时这十个"雷"不能踩　　　　　　／85

示范课是怎么打磨出来的　　　　　　　　　／91

学生作业管理三十条　　　　　　　　　　　／98

深化、推进学校课外阅读工作二十二条　　　／102

用"异"去化解"差"　　　　　　　　　　／109

提高记忆、背诵效果的八个细节　　　　　　／112

新学期课外作业管理的九点小建议　　　　　／116

"新三备"　　　　　　　　　　　　　　　　／121

▶ **第三篇　新课标多维解读**

盘点新课标二十个核心议题　　　　　　　　／127

课改走向预判：从文本课标到行动课标　　　／149

学校层面贯彻学习新课程方案、新课标的六大策略　／162

新课标运用六大场景　　　　　　　　　　　／171

新课标下课堂变革的四十个新思维　　　　　／177

新课程方案实施与新课标理念落地呼唤课堂时空改革　／192

大单元教学设计的"研"侧重什么　　　　　／198

大单元学程设计与课时设计答疑　　　　　　／201

新课标背景下的好课堂长什么样子　　　　　／206

如何进行大单元说课　　　　　　　　　　　／209

大单元教学怎样观议课　　　　　　　　　　/ 215

如何对团队观议课质量进行考评　　　　　　/ 221

▶ **第四篇　课标落地创意实践**

容错文化在新课堂如何落地　　　　　　　　/ 229

高期望文化在新课堂如何落地　　　　　　　/ 235

责任文化在新课堂如何落地　　　　　　　　/ 242

课程理念再生长与新跨越　　　　　　　　　/ 247

《模块+：三探行程问题》的创意设计及理念解读　/ 254

《试卷讲评课》的创意设计及理念解读　　　/ 258

《圆的复习课》的创意设计及理念解读　　　/ 262

第一篇 双减政策的多维解读

作业、考试新要求——
一所学校的个性化解读

政策精神

作业:学校要确保小学一、二年级不布置书面家庭作业,可在校内适当安排巩固练习;小学三至六年级书面家庭作业平均完成时间不超过60分钟。

考试:小学一、二年级不进行纸笔考试,其他年级由学校每学期组织一次期末考试。

政策认识与解读

关于小学生作业,美国中小学家庭作业研究专家哈里斯·库珀有言:没有证据表明家庭作业能够提高小学生的学业表现。

考试犹如给猪称体重,是无助于增加猪的重量的。频繁考试犹如对正在成长的果实,频繁摸、量,这样反而会干扰、破坏其生长。

家庭作业特指在家中完成的作业。

关于一、二年级不留书面家庭作业，我们的理解是：不留在家完成的书面作业，不等于不留作业，可以留阅读、背诵、做生字卡片、数学应用等动手体验性、趣味性作业，课堂内练习不属于作业限制范畴，也允许在校内适当安排巩固练习。

关于小学一、二年级不进行纸笔性质的书面考试，我们的解读是：不进行书面考试不等于不考试，可以进行闯关、乐考。所谓"闯关"，其实是游戏思维的一种运用，即通过师生互动完成检测，如口算关、图形关、思维关、实践关等。所谓"乐考"，就是设计一些非书面考题，引导学生用所学知识去应对。比如当一回小先生讲解一道题、开开心心跳回绳；比如演一出小剧、来一次看图说话，甚至进行查字典、口语交际比赛……

三至六年级不进行期中考试，我们这样探索：学校层面坚决不组织鉴定评判性质的考试，但允许教研组、教师本人进行诊断性质的学情调研，不对学生公布分数，只为后续教学学情诊断提供数据。并且向教师说明这仅仅是一个过渡，给教师一个缓冲调节适应期。

关于三至六年级书面家庭作业时间不超过一小时，我们认识如下：

特指星期一至星期五正常上课时段，不包括周末、节假日。

每天不超过一小时，指的是周平均时长，某一天可长点，某一天可短点，不要机械操作。

每天不超过一小时是以中等生完成书面家庭作业时间计算的，学困生略长一点，但不超过 20 分钟。

周末、节假日作业时间建议控制在一个半小时以内（两节课），原则上以阅读项目学习为主。

不是说三至六年级书面家庭作业时间都是一小时，年级由低到高细化为分别不超过40分钟、50分钟、60分钟。

每个年级语数英时间不是平均分配，原则上语文多点，英语少点，数学在中位。

若某一学科需要处理单元练习，可与其他学科协调，如今天语文时间长点，那么数、英不留或减点。为了避免语数英某天都不布置作业或某天作业扎堆，学生作业量旱涝不均的情况，即有时太闲、有时太忙，班级可设立作业协调员，来提醒教师作业均衡。

严禁小学生参加学科培训，杜绝培训机构安排的作业；引导家长不额外为孩子留作业；提倡学生自主学习。

落实政策不能太左，也不能太右，要兼顾校情、学情，还要给教师缓冲适应期。

作业减量提质需要教师答好这"六类题"

学生作业负担与教师作业命题与设计能力薄弱呈正相关,只有教师下题海,学生才能荡轻舟,传统"狂轰滥炸型"作业才能变为"精确打击型"作业。作业减量提质,教师需要答好这"六类题"。

一、选题

原则上学校不用市场上的练习册及试卷,利用暑假组织优秀教师精选、编制含金量高的单元试卷。

做法:将市场上与本学科有关的练习册、试卷全部购回,同年级学科教师分工,也可跨校协作,从所收集资料中精选试题,要求是这些题一做,其余练习册、试卷的题都会做,起到以一顶十的作用。

二、改题

将资料中传统的识记类低阶思维训练习题改编为评价应用创造为主的高阶思维训练习题。房超平先生所著的《思维第一:全面提升学习力》一书中的两个例子及总结的方法可效仿。现摘录如下——

语文改编案例：

识记类问题"说出杜甫诗歌《登高》的写作手法"可以改为下列问题：

1. 杜甫诗歌《登高》中，比兴的写作手法体现在哪些诗句中？（理解）

2. 请模仿体现《登高》写作手法的诗句，写一个句子或一首诗。（应用）

3. 举例说明《登高》与《茅屋为秋风所破歌》的写作手法有哪些相似（或相异）之处。（分析）

4. 如果把《登高》中运用比兴写作手法的诗句改为使用其他写作手法来写，对诗歌有什么影响？（评价）

5. 关于《登高》中比兴的写作手法，你有和课本或资料上的解释不同的想法吗？（创造）

改编题基本模板：

①理解类问题的常见表达方式是：××的主要意思是什么？

②应用类问题的常见表达方式是：如果有关条件变化了，××会发生什么样的变化？

③分析类问题的常见表达方式是：××与哪些内容有相似（或相异）处？

④评价类问题的常见表达方式是：请你对××的主要观点进行评价。

⑤创造类问题的常见表达方式是：关于××，你还有其他的想法吗？

当然对中小学教师来说，也可以把正向思维题改编成逆向、特殊、综合思维题。如关于长方形周长，正向思维题：已知 a、b，求 C。可改为：

逆向思维题：已知 a、C，求 b。

特殊思维题：一边靠墙，求围成图形需要的长度；或已知长和宽的和，求周长。

综合思维题：已知 a、C，求 S。

此外，把直接条件改成间接条件、设置题组训练等也可以采用。

三、创（编）题

教师依据单元主题内容，依据课标，确立单元学习目标；依据单元学习目标再确定单元作业目标；最后依据单元作业目标进行作业设计。

鼓励教师对试题的新立意、新情境、新设问进行"三新"研究，变编练习题为解决真实问题；重视生活描述型、概念表征型、问题分析型、反思评价型、单元综合型等探究性作业研制。

不预设作业，依据学情课上、课后动态生成性地设计一些作业题，让作业更具针对性。

对作业、试卷中原创题比例提出要求，开展原创题设计比赛。

四、做题

类似作文写下水文一样，可以要求凡布置学生完成的作业，教师必须先做，依据自己做题时间，乘以一个系数，得出学生做题时间，同时思考自己教学中目标、内容、评价的一致性。

特别是注重教师逆向做题训练。如布置教师做翻转迁移作业。其做法是：针对某一题型，印制下发三至五个试题及答案，让教师梳理、提炼、概括、归纳、总结出该类题的答题思路、格式、方法，简称答题模板，并尝试运用。我们称之为用理科思维做文科作业训练。

五、品（析）题

品题、析题、说题旨在逼教师过知识、经验关。做出来、析清楚、说明白，是三项备课基本功。

品题层级一：单元层面

让教师出试卷，倒逼教师读教参、说课标。

教师阅读教材，列出单元目标要求清单，在此基础上编制一份单元测试卷；说试卷编制结构、题型、分值，尤其说为什么选这些题，理论依据是什么，即课标对该知识点学习目标总要求、级段要求是什么。

品题层级二：课时层面

对作业题进行多维度分析。

立意分析：题目涉及的知识点、学科能力、学科思想方法、课标及中考说明的要求，已知和未知的关系。

试题分析：试题特点、试题情境、考查角度、设问形式及试题对学生能力的要求与学生实际水平的比较分析（学生在理解问题时可能遇到的难点）。

解题思路分析：根据题设条件或设问指向、问题结论对解题思路形成的作用，梳理解题思路、解题关键点如何突破及结论。

错因分析：针对学情，预测学生存在的问题，分析错因，帮助学生解决问题。

拓展分析：对试题进行合理改编和补充，以引导学生学会解决同类问题，构建知识结构，形成课程资源。诸如我教的思路是什么、学生学的思路是什么等问题，要与教研组成员共同思考，切实改进教与学，让深度学习发生。

品题层级三：单个习题层面

好题是需要品味的，精华题要求教师七品：品题中关键字词，搞清题意；品出题意图；品出题角度；品设问方式；品涵盖的知识点；品命题人设计的陷阱；品参考答案。

六、存题

1. 年级、学科层面可搜集不同版本教材，研究相对应例题、练习题、习题、复习题，在此基础上建立单元、年级、学科精品习题资源库。

2. 注意搜集课改示范区、新教材实验区、各地市期末试卷，选择符合新理念、能考出素养的试题。

3. 借助作业批改记录、试卷分析，建立学生作业问题诊疗库。

需要说明的是，各学校对教师不能一刀切，新教师可从选、改、做起步，老教师可强调从改、创、品切入。学校若暂时不能做到这六项，可先选做二三项，逐步完善提升。

一线教师要处理好五种关系

双减需要一个宽松的外部环境,为此需要教师处理好如下五种关系:

一、与课标、教材的关系

双减的前提是课堂增效,课堂增效的起点是教师对课标、教材的研读、把握、执行,教师要做课标的忠实执行者,做教材创造性解读、使用者,脑中有"纲"(课程改革纲要),胸中有"标"(课标),腹中有"书"(教材二次消化适合学情解读),目中有"人",心中有"法",手中有"技"。教师要有不是教教材,而是用教材教、按课标教的意识。

关注从学科教学意识到课程意识的转变,关注校本课程开发与实施,关注学校整体课程体系建构与推进。

二、与同事的关系

教师要与班主任、同学科教师、跨学科教师通力协作,建立积极的相互依赖关系，成为双减的合作者。

与同头课教师一道深度参与集智备课。集智备课需抓好"五个方面"：（1）站在"学者"角度进行教材分析和文本挖掘，包括知识点、重难点、知识链接点、课程资源的开发、个性化的解读等；（2）说明教学过程设计意图，让同伴明白你为什么要这样设计；（3）分析教学环节设计是否符合新课堂教学模式的一般要求，重点放在目标的达成与重难点的突破设计分析上；（4）说明问题设计及其意图，对课堂有效生成性问题做好预案准备；（5）提出备课时的困惑和问题。在集智研讨基础上，拿出可视化成果：单元规划表（框架）、单元课时教学任务活动创意表、分课时教学设计教案。

与班级任课教师一道共同制定学习规则，培养学生内在秩序感，让学生习惯养成形成合力。

借助班级作业协调员，控制作业总时长，真正减轻学生过重作业负担。

积极尝试跨学科内容整合，开展拼教、拼研、项目学习、跨学科实践活动等，全面提升探究性、合作性作业设计与实施能力。

三、与学生的关系

教师应充当课堂的组织者、学习的点燃者、困惑的点拨者、生命的点化者，扮演平等中的首席角色。

若爱没有增加，或学生没有感受到爱，学生对教师是一种敌对、逆反心态，那么一切补差策略要么大打折扣，要么难取得成效。

可见，构建新型师生关系多么重要。关系是课堂生产力，改变课堂先从改变关系、改变情感开始，关系影响态度、效果。

双减要求教师放手、放权，要求学生学会自律、自控，学会自主学习、个性化学习，跳出固定型思维走向成长型思维，这就要求教师要感染、熏陶、培养"明生"。"明生"有如下几层含义——

明学：思维比较清晰，元认知水平较高；自律意识、自控能力强；动手能力、创新能力、解决实际问题素养高。

明标：对为什么学习、学习的终极目标是什么等有深刻认识。

明世：责任、担当、改变世界是发自内心的追求，人生价值意义非常明晰。

总之，要让学生成为双减最直接、最大受益者。

四、与家长的关系

教师与学生家长是战友，是同盟军，教师理应向家长群体借力、借智、借道，同时与家长相识、相知、相行，共同做孩子成长护航人。

家庭教育不能"错位"，家庭不是"学校的第二课堂"，家长更不是"学校教师的助教"，家庭教育不能本末倒置。

家本课程可以围绕以下角度构建：伦理道德、行为习惯、社交礼仪；现代生活方式，娱乐、健身方式；以书香家庭建设为中心的家庭学习；旅游、考察、体验为主的综合实践活动；家庭小实验、小制作、小发明……

引导家长成为双减政策的"神助攻"。转变家长的不良教育观念，从被动的、消极的教育绑架转向主动的、积极的教育参与，从唯分数、唯升学转向注重孩子的全面发展。

特别提醒家长，不能教师搞减负，家长搞增负，为孩子购买、逼孩子完成大量练习册、单元试卷，把孩子培养成"鸡娃""小镇做题家"。

五、与自我的关系

要理解、接纳、执行双减政策，做双减政策创造性实施者。

双减不是躺平，不是成为佛系教师。

双减，减的是内卷，增加的是老师对职业的专业认知。

双减，减的是负担，增加的是老师自身的专业本领。

责任引爆自我潜能。要为自己的理想打工，为自己的教育梦而工作；不要自我设限，要倾听教育外声音，让思维碰撞，让认知升级，构建新的思维模型，让今天最好的表现成为明天最低的要求。

赓续百年初心，担当育人使命。涵养师德，做眼中有光、心中有爱的老师；解放思想，做顺应发展、传递正能量的老师；提升自我，做不负时代、敢于突破的老师。

对学校高质量发展的深度思考

双减、五项规定推出,倒逼学校必须走高品质、有内涵、内生型的高质量发展之路。以下是笔者从九个视角,对学校高质量发展从理念到行动路径、手段的深度思考。

视角一:厘清高质量发展的内涵

高质量发展指学校方方面面高质量发展,它理应包括管理、服务、课程、活动、教学等的高质量发展,当然重点是教学高质量发展。

学校发展定位要从诸种因素逼迫外向型发展走向实现远景目标、价值引领的内生型主动发展。

学校发展要从"跟跑"走向"领跑"。跟跑贵在坚持、速度,而领跑重在视野、航标。

学校发展要从过度关注学校团队目标实现到关注教师个人自我实现。

视角二：明晰学校高质量发展核心力量

高质量发展取决于四大核心力量。战略力量：决定做正确的事。组织、制度力量：保证把事做正确。文化价值观力量：心甘情愿做事。毅力力量：连续正向持续做事。可见，实现高质量发展就要正确处理好战略、战术、战役三者之间的关系，处理好"做什么事"与"把事情做正确"之间的关系。

视角三：重视学校高质量发展战略转型这个前提

学校发展战略经过"红海战略"向"蓝海战略"的过渡，正走向"绿海战略"深度转型。红海战略是指学校之间普遍采用一种低成本、同质化，以竞争为中心的发展战略，也被称为"血腥竞争"模式。蓝海战略倡导学校不与对手竞争，而是寻求错位竞争、特色发展，即拓展新的教育市场空间、创造飞跃价值，使学校彻底甩脱竞争对手。而绿海战略则是前两种战略的升级，即以核心能力的优化、再造为主线，大幅度地推进学校主体创新，带动整个管理模式的战略转变，实现整个教育链条的融合与共生。

视角四：规划好学校实现高质量发展的三张蓝图

战略规划图：整体发展愿景、策略、思路的描述。程序、路径

图：分阶段、分步实施的路线、步骤。施工图：分配到科室及个人的具体实施的手段、办法及项目达标的节点。

视角五：不可忽视价值观、精神引领在学校高质量发展中的决定性作用

价值观高于方法论；价值观驱心，方法论启智。方法、技术、手段引领，只能是一个组织、团队超前一步；而价值观、信仰文化力量，能让一个组织、团队跨越一个时代。因此学校高质量发展要关注团队的专业成长，更要关注团队的精神成长。

视角六：抓住影响学校高质量发展因素中的关键少数

让专业的人干专业的事。管、评、办三权分离将成为常态。职业校长、学校监理将成为一种新的职业，职业校长成长速度决定将来学校繁荣程度。当前急需解决的是职业校长更职业问题；而解决职业校长独立决策权是首要问题。

视角七：高质量发展需要团队突破从优秀到卓越的天花板

成功乃失败之父。昨日成功之原因有可能成为明日失败之根源，

要敢于否定自我。过去为自己赢得成绩、荣誉、发展的路径、方式、方法、思维模式可能成为走向卓越的绊脚石、最大障碍。骄傲是卓越的天敌。

高质量发展就要敢于颠覆性创新。优秀多数需要的是 1 到 N 的量的积累，而卓越更需要的是 0 到 N 的颠覆性创新。只有持续探索学校发展的新路径、方法、工具、手段，才能突破从优秀到卓越的天花板。

> **视角八：高质量发展的底线是
> 把常规做到极致，让优秀常态化**

将眼前的事情做到极致，下一步的美好自然会出现。

把每一件简单的事做好就是不简单，把每一件平凡的事做好就是不平凡。抓常规就是抓发展，把常规做到极致，这是落实学校高质量发展的底线要求。

今天最好的表现是明天最低的要求。让优秀成为习惯，让优秀常态化。

> **视角九：依据第二曲线理论，
> 寻找学校发展新的增长极**

时代发展越来越快，创新和颠覆每天都在上演，第一曲线的技能有时候很快就会被淘汰，每个团队都需要努力突破自己的成长极限和认知边界，以适应这个变幻莫测的新时代。

第二曲线发展意味着有时候面对瓶颈，要彻底地改变自己，敢于重新定义自己，开辟一条与当前（第一曲线）完全不同的新道路。这就要求我们对熟悉的问题和事物要拥有全新的认知和视角，这样才能突破自己的认知边界，实现人生的第二曲线成长。

同样，要实现学校高质量发展，就需要在学校发展将要出现瓶颈时，及时引入学校发展的第二曲线，实现快速迭代。

作业减量提质八个小招数

招数一：让学生养成科学做作业习惯

先整理笔记、复习后再规范做作业，做作业时不准翻书、翻笔记；像对待考试一样规范书写；作业不检查等于作业未做完，检查是做作业重要一环，不检查不得上交；作业要限时完成。

招数二：作业本变脸

以练习册代替正式作业很普遍。同时还存在三个不重视：语文，不重视文后思考与练习，要么空白，要么没有规范作答；英语，不重视课后听力训练；数学，不重视课本上的当堂练习、习题、复习题处理。

以数学为例，建议学生要有课堂练习本、正式作业本，以课本习题为主，练习册为辅，练习册上的题可精选。小学生当堂练习尽量写在书上，教师可随堂走动及时批改反馈。

（1）二本合一：对于课堂练习本，建议将一张纸四分之三划为答题区，四分之一划为演草区，即练习本与演草纸合二为一，一则利于学生考试时熟练使用演草纸，二来强化借助演草快速检查的习惯。

（2）正式作业本设检查栏。作业本设检查栏，督促学生作业做完后，直接进入检查环节。学生检查时，标注哪些试题有把握一定对，哪些试题不能判断正误。这样利于养成检查作业的习惯，同时利于纠错。认为一定对的题错了的，学生一定非常关注。

招数三：作业师批生改

（1）以下作文批改做法值得借鉴：

对于文字功底差些的，在各段文字旁做如是批注：本段有两个错别字，一个运用不恰当的词，一个不通顺的句子，请订正。

对于文字功底好些的，只在文末批注一句：本文有两个错别字，一个病句，请找出来纠正。

这样一来，学生在作文发下去后，马上就会根据老师的批改对自己作文中出现的问题进行修改，这就增强了学生的主动性。

（2）对学生数学作业采取分层批改也不错。

优秀生：教师告知本次作业中有几个错题，要求学生找出来并订正。

中等生：教师指出哪道题有错，分析错因，要求学生订正。

学困生：教师用红笔画出哪一步（处）出错，要求学生订正，并找同类题巩固。

招数四：让学生制作单元错题反思卡

内容包括：①错题摘录；②研究总结"犯错"特点；③规划"少出错"练习计划；④当天作业纠错，与单元错题集中变式纠错相结合。

招数五：抄写类作业可以这样改进

以语文为例：

（1）认真读一读第二单元的生字。

（2）按照结构的不同分类抄写，把相同部首的字写在一起。

左右结构＿＿＿＿；上下结构＿＿＿＿；包围结构＿＿＿＿；单一结构＿＿＿＿；其他结构＿＿＿＿。

（3）把容易写错的字用红笔描一描。

通过设计巧妙地让学生判断字的结构，把不同结构的字进行归类，可以让学生在抄写过程中潜移默化地掌握字的结构特点，学会自己辨别、比较不同的字，增加了思维的含量，而且有助于激发学生的兴趣，让学生更好地形成各种字词的理解性记忆。在此基础上，对掌握不牢的字通过描红重点巩固，知识自然就牢固了。

招数六：每日作业"三个一"值得借鉴

"三个一"，即每日一算、每日一次、每日一题。

每日一算，就是完成两道计算题，它注重基础的巩固。如果谁连续一周没有出现计算错误，可免去一周的每日一算。进入五六年级后，还可每周选个孩子负责抄题、批改。一般中午抄题，同学完成后交给他批改，中午未完成的孩子放学前必须完成；他则要提前完成此题，并交老师批改。

每日一读，就是读课本。我们的孩子常常有这种感觉，语文课本是要读、要背的，而数学课本不需要，老师说"翻开课本做一下第几页第几题"时才需要打开数学课本。由此也反映出，我们数学老师对教材的利用率显然不高。如果我们在上课时是借助多媒体呈现例题的，练习巩固时又没有采用书上的习题，那么孩子就有可能整节课都没有翻开过课本。甚至一学期下来，教材上的某些例题、习题，孩子一遍都没有读过。每日一读，就是要求孩子每天打开课本，读读相关的例题、习题，在了解课本中的数学信息的基础上，说一说：例1在讲什么知识？例2呢？两个例题有什么不同？从例1到例5是怎样一步一步难起来的？……读后的交流，就是一次简单的知识回顾。读课本，有时是预习，有时是复习，结合读的过程，可以引导孩子查漏补缺、梳理知识结构等。有些孩子学有余力，则可以在阅读数学书的基础上，进行课外读物的阅读。

每日一题，则是为了发散班上优秀生的思维而设计的。每天，在黑板一角抄录一道题目。这道题目有一定难度，"跳一跳"才能解答出来。做与不做，由孩子自己决定，不做绝不批评，做对的孩子则可"榜上留名"。这虽不算是很强的成功刺激，但孩子们却十分在乎，争着抢着抄题，然后在座位上埋头苦思。有时候，一些孩子真的是错了再做，做了又错，从上午到傍晚，那种韧性、那种思考的沉浸感，让教师品尝到作业从布置到批改的满满的快乐。

招数七：选择做作业角，教师错峰面批

（1）延学服务时学生自己选择做作业角。针对班级学生差异悬殊的现状，教师布置作业后，可以将教室划分为"完全独立完成""几人合作讨论完成""需要老师手把手指导"等多个学习角，由学生根据自己的情况，选择不同区域完成作业。这一做法，兼顾了学生差异，大家各得其所，效果很好。

（2）课堂作业错峰面批。课堂上教师对学生作业逐一面批，效果自然很好，但学生排队等的时间较长，这个矛盾怎么破解？错峰面批。一部分学生做完第一题，就接受批改，当排队人数多时（排有三到五人时），可继续做第二题，做完后再接受批改，若人还较多，还可继续做完第三题，再让批改，这种错峰面批避免了无所事事干等待，避免了白白浪费时间。

招数八：举办优秀作业评改细节研究会

将作业检查转变为优秀作业评改细节研究会。每一位老师将自己任课班级的作业带到会议地点，大家一起逐个翻阅并记录发现的优秀作业评改细节。之后分组讨论、整合，每个小组提出三个新发现。接下来，由被发现优点的老师分享自己通过这些细节教育学生的心得体会。最终，由会议记录员分类整理，形成下一个阶段大家共同追求的作业评改目标。在整个过程中，没有甄别也没有批评。优秀教师的优

点被放大，专家力、督导力被下移，让同伴去影响同伴。当然，对一些作业批改确实存在问题的老师，学科组组长会私下交流，帮助其在实际工作中逐步提升自己。如此，以放大优点、榜样激励、自标准驱动的方式去帮助老师们共同成长，让每一位老师都能够在实际工作中保持积极向上的姿态，时刻感受到自己被关爱、被帮助。

双减政策在学校层面如何落地

双减政策及五项规定是国家层面对教育改革的重新树标,是减负提质的动员令、指挥棒。如何理解、科学应对、积极实施,使其初见成效是摆在学校管理面前不可回避同时必须解答的时代考卷。为此笔者提出自己的六点思考。

思考一:从素养层面重构校本课程体系

学校竞争核心是学校课程特色的竞争,而课程竞争的关键是课程开发、实施理念的科学性、针对性。

先看一下重构校本课程体系的逻辑:首先得确定学校要培养什么样的人,即标准是什么;接着要思考这样的人要具备什么样的素养,这些素养需要学校构建什么样的课程体系;还要思考国家课程如何校本化实施,有哪些素养单靠国家课程不能落地,需有针对性地开发校本课程去实现。可见要摒弃过去点状、线性、碎片化的校本课程开发,走出国家课程、校本课程二者缺少统整、聚焦,有什么供什么的课程开发误区，围绕素养，进行缺什么、补什么的整体建构，打造立体、系统的课程体系。

思考二：双减本质是紧紧抓住减负提质这个牛鼻子

过去教学质量提升主要靠教师苦教、学生苦学、培训班苦补、家长苦查（陪），即所谓发扬"苦"精神获得的。

双减对学校、教师的新要求是：学生不参加学科培训班，家长不参与检查作业，不加班加点，不大量布置作业，不频繁考试，要借助课程科学设置、课堂改革在规定时间内高质量完成教学任务，即在"五不准"前提下，科学高效提质量。可见，赛道变了，评价规则变了，质量获得方式也需改变，即让学生以最少的时间、精力花费，科学获得最大的效果、效益。

如何减负提质，路径有哪些？向落实教学常规，培优补差常态化要质量；向课堂改革，提高课堂效率要质量；向对教师绩效科学考评要质量；向集智备课、校本教研要质量；向提升教师专业素养，抓学生学习习惯、科学学习方法要质量；向为学生提供强大动力系统、精神系统要质量；向借助"外脑"的专业引领、资源整合要质量。

学校减负提质的潜力、增长极在哪里？在深度课堂改革、学程改造。当前课堂改革急需破解的问题主要有：怎样解决"让学习主动发生"，即从被动学习、虚假学习、伪学习走向主动学习、真实学习；怎样解决"让学习深度发生"，即从低阶思维下的浅表学习走向高阶思维下的深度学习；怎样解决"让学习持续发生"，即从课上学习走向课后带着问题或用课上学到的方法去解决实际问题的持续学习。课堂上还要破解：学困生的虚假学习、中等生的表层学习、优秀生的重复学习。借助平等倾听对话课堂，让学习真实主动发生；借助构建问题系统，项目学习、主题学习、跨界整合，知识串联、三级追问、深度思考、高阶思维，让学习深度发生；借助乐趣、志趣、探究，让学习在课后持续发生。

上述理念落地需要在如下方面取得核心突破：训练学生课堂上的5G学习素养——高效阅读、高效思考、高效倾听、高效表达、高效记忆；培养学生课堂学习四大童子功——课前预习、课堂讨论、记笔记，掌握合作学习的策略，熟练运用思维、学习工具。

培优补差主战场在课堂。早晚自习、复习课、习题课、试卷讲评课这些课型是影响质量的关键因子，高效整理笔记、高效纠错、高效作业是影响质量的三大助力系统。

思考三：科学制定、高效实施三表、三课、二操是有效抓手

三表指的是课程表、时间表、社团课程安排表。

依规定开设开足国家课程，安排好地方、校本课程，做到主科课时一节不增，体音美等艺术类学科课时一节不减。统筹谋划好延时社团课程。

保证学生睡眠时间，统筹安排作息时间表。可实行长短课时，集中研学、劳动基地体验。可错峰上下课、放学。

三课，即艺术课、体育课、综合实践活动课。这些课程的实施持续三到六年，要有校本课程纲要、体系作为引领，规范高质量实施。其间，定期举办体育节（运动会）、艺术节。二操指的是早操（长

跑)、课间操(不低于 30 分钟大课间)。可把二操定为校长直管课程。大课间课程要有规定的广播操内容,还要有韵律操等个性化内容;要从整齐划一大课间活动调整为自主选择的体育超市性质大课间,体现"我选择、我喜欢、我运动、我健康"的新理念。

思考四:聚焦作业设计、流程监控、作业评价三个核心变量

作业设计纳入教学管理,实行层层备案审核制。课堂练习题要求注明与学习目标是如何匹配、照应的;课外练习、家庭作业要注明教师选择或设计的作业是由哪些题筛选或改编的,完成所需时间,基础类、能力类、拓展类所占比例,设计意图及分层要求,等等,报备课组审批;征订试卷、组织考试,教研组组长、教导处先对试题质量、理由审核通过后,方可执行;充分利用大数据,对上届学生单元学习易错、易混试题统计分析,教导处提前预警,备课组思考、探讨破解策略。

加强做作业全流程监控。务必养成课后先整理笔记复习再做作业的习惯;规范书写,限时完成作业;正确使用演草纸,会借助演草纸快速检查;采取"六步、二讲、一归类"错题订正方案;强调独立完成意识,若实在不会,要先思考找准困惑症结所在再问老师、同学。

让做作业过程增值。提倡一题多解;学会品题,赏析命题妙在何处;对于易错、易混题,罗列涉及的知识点,解题思路、方法、思想;学会模块表征,快速建模;尝试一题多变,探究规律;翻转思考,从答案中提炼总结出答题模板。

鼓励教师改编、创编、研究试题、试卷。若试卷未经筛选，教务处原则上不签字，不能印发给学生；探索化题为组，从一道题到一类题设计；研发条件、结论、方法开放试题；设计学科阅读、问题建模后才能解答的试题；有母题意识，把握变式规律。研究近五年高中招试卷，把握命题导向。做题、研究试题；写命题导向对教学的启示、预测明年命题趋势及应对策略；同事之间互相分享。

提倡作业设计、批改、评价全面创新。画学科知识树、思维导图，以及运用5R法整理单元知识、学科日记进入作业序列；自留作业、自选作业、同层互留作业、套餐分层作业、翻转作业应成为作业新常态；正确率、创新性、书写质量多维评价，自评、互评多元评价，延滞性评价、二次评价、对教师评价的评价，鼓励性、期待性、商榷性评语，过程、问题、方法指导的创新性批改符号，皆应进入作业批改新视域。

思考五：优化、创新延时服务，让延时服务成为学生幸福生长、生活新的增长极

学生到学校不仅是来学习的，更是来生活的，他们要在这里获得知识、友谊，学会生活。因此结识更多志趣相投的伙伴也应成为教育的目标。同样，帮助学生在集体外成长，给学生提供一个宽松的集体外成长空间，也是学校职责所在。

延时服务要给学生留出一定的空间，让他们有更多的个体发展的选择与尝试，改被动式的"管、卡、压"为主动式的自我认知和自主

发展。

延时服务要为孩子学习、成长打开如下三扇天窗：关注非正式学习、社会化学习；允许志同道合的自组织、小圈子存在；提供集体外成长时空让他们在非教学时段自生长、自教育。

因此，延时服务要体现安全、丰富、快乐的核心理念，尽量做到愿留尽留全覆盖，工作日全覆盖。学校可主动提供课后服务征询单，学生、家长对延时服务可动态预约、弹性选择。

两小时延时服务建议设置学习时刻、自主时刻、温馨时刻三个时段。学习时刻，学生分学习区完成作业及预习单；自主时刻，学生参加自己心仪的社团晋级课程；自由时刻，学生自主支配时间。

总之，学校提供的延时服务要有，要优，还要持久。

思考六：充分发挥指挥棒导向作用，稳妥务实探索、推进考试、评价改革

管理者要思考：小学一、二年级取消书面考试，学业怎么评、怎么考？学科知识大练习、阶段性知识摸底暂时不能少，闯关、乐考是最佳视域。

多一把尺子就多一批好学生。选择学生素养发展报告单、成长档案袋评价不失为一种有益探索。

不可忽视因双减推行导致教师工作时长增加、工作量超载问题，可借助实行服务累进满额制、错峰上下班制、绩效倾斜制逐步化解。

对教师绩效考评也要变脸：从关注单打独斗到注重团队合作，考核一拳头，再考核一指头，即先考核团队整体名次，再考核个人表现。从"不管黑猫白猫，考个好成绩就是好猫"的结果性考核，走向"关注成绩，更关注成绩含金量、成绩可持续性、成绩是怎么得来的"，即投入与效果比来综合考量。

如何引导学生尽快适应双减后新生活

经过调查发现,在双减五项规定落实过程中,多重点关注了学校怎么做,班主任、教师怎么做,忽视了双减中学生这个主体的理解、适应与配合,因此,笔者提出引导学生尽快适应双减后新生活这一命题,并提出如下五条建议。

一、让学生正确全面理解减负内涵与本义

因学校、教师缺少宣传、引导,许多学生对减负产生了如下错误认识:都减负了,老师你为什么还抓成绩?减负了,作业可以随便找理由不完成;延时服务自习课就等于做作业课;书面作业才是作业;学科作业指的就是语数英作业,体音美等学科怎么还有作业?对独立完成的作业重视,对小组成员合作完成的作业应付……有这些误解的学生大有人在,学生对为什么要做作业,作业有哪些功能、哪些新类型,双减减什么、增什么,等等,不清晰,不明白。如果学生主体缺乏主动适应,积极配合、参与,双减效果一定会大打折扣。

二、让学生学会自我管理、自我反思，提高元认知能力

作业突然减少，学生不知道自习课该干什么了。从教师安排闲暇生活，一下子到自主选择，学生有点不知所措，有点迷惘。

学生缺少自我规划意识、目标意识，缺少自我诊断、反思意识，也就是说元认知能力有待开发、挖掘。

最起码先要让学生明白延时服务自习时间该干什么：整理课堂笔记，对原先学过的、刚刚学过的进行反刍、梳理、归类；修补薄弱环节、学科；做作业；查阅资料，追本溯源，以达到融会贯通；预习即将学习的下一单元；当然，若还有剩余时间，也可读书、写日记等。

三、让学生养成高效做作业、完成作业的习惯与意识，尽快适应作业新形式、新变化

首先要让学生理解并掌握科学做作业的流程，严格按照流程执行，并形成习惯。

其次，要引导学生尽快适应作业新形式、新变化。如画学习导图作业。画单元、整本书的思维导图，借此来梳理、建构单元或整本书框架知识体系。当然也可小组分工协作完成导图作业。

又如知识点串联作业。单元复习或整本书复习时，教师选一些题，让学生写出本题涉及的定义、定理、概念、公式，写出与上述知识点存在种属、并列等关系的知识点，写出易错点、易混点，写出解答本题的思路、方法，即借助此题串联相关知识点，回忆、品悟题型、解题思路与方法。

再比如适应现代社会的作业、作业超市。前者如视频作业、语音

作业、照片作业、搜索作业、网站作业、社交作业、统计作业、家庭实验探究作业等。后者即在自己潜能区选择作业类型、形式，秉持"我选择、我喜欢、我完成、我成长"的意识。

四、让学生自我构建课余、节假日学习、生活共同体

各学校、班主任可引导学生依据志趣爱好和住址远近自发成立校内、校外家庭读书小组、项目学习小组、小课题研究小组、研学小组等，让孩子找到志同道合的朋友，在合作、共生、共创中发现、发挥自己的兴趣、特长。

五、让学生意识到双增的必要性、重要性，弥补成长短板

国家倡导的"双增"指什么？一方面增加学生参加体育、艺术、运动和劳动的机会，另一方面增加学生学习体育、音乐、美术等学科的时间。鼓励音体美机构办学，鼓励学生参加体育、美育培训。

为此推荐城镇小学高段、初中学生寒暑假做如下六件事：

第一件事：学会既健身又提高意外生存能力的黄金锻炼项目——游泳。

第二件事：有知识储备的到市内博物馆、科技馆研学，为后续历史、科学课赋能。

第三件事：读几本喜欢的职业领军人物或历史名人传记，为精神发育增加营养，为职业启蒙助力。

第四件事：到夜市或市场摆一次地摊，体验基层市民生活的不易。

第五件事：凭自己的能力，找一份临时工作，自己挣钱生活一天。

第六件事：体验一次意外自护自救生存。

弥补生活、生存的短板，增加社会阅历，读懂社会这本无字书也是必修课程。

学校双减实施2.0版应该怎么进阶

双减是小切口，大改革，以小见方向、以小见责任、以小见情怀，是落实立德树人根本任务的重要载体和具体行动；同时双减也是一个系统工程，需要探索、建模、迭代、创新。那么中小学校双减实施2.0版应该怎么进阶？

一、1.0版双减样态描述

纵观基层中小学教师、家长对双减的认知、行动，呈现如下轨迹、脉络：从起初想不通内心抵触到发自内心认同，从等待、观望到探索、起步，从行动迷茫到路径逐步清晰。笔者深感，这次双减不是仅仅停留在纸面上、口头上、文章中，而是真行动、全员行动，即各地中小学双减动真格了。

双减是一个系统工程，不是歼灭战，而是持久战。速成论要不得，持久论才是正途。因此笔者对当前中小学的双减实施带着审视、解剖、追问视角也进行了如下思考：

一些学校仍被动应对，而没有主动担当、开展新探索，即被动多主动少；多从减的量上做文章，而没有从增的维度、提质上去深度思考，即减量无提质；多从减的形式上去翻新，与减的本质、目的、意义相距甚远，即有形无神；多在遵照上级要求"公转"，结合校情创造性实施的"自转"少，即有共性缺个性；多让学生从教室走向校园，还没有胆量让其真正走向校外，即有"圈养"、放风之嫌，缺真正散养；多因循守旧、亦步亦趋，属于但求无过的佛系、"躺平"心态，敢破敢立、有所突破、有所作为还未成气候，即追求无过多有功少；多有行动，但还没有从"有"到"优"，从"优"到"常态化"，即行动"有"多"优"少。

二、2.0版双减实施方略探寻

笔者认为，中小学实施双减行动1.0版进阶到2.0版，需要关注三大路径九项硬核指标，现分析论述如下。

路径一：在质上练硬功，力求质上有突破

指标1：重构校本化课程体系，让立德树人、核心素养真正落地。

围绕学生发展核心素养个性化表达，进行国家课程与校本课程统整，进而实现国家课程校本化实施。校本课程围绕核心素养开设，从有什么、供什么，走向缺什么、补什么，从点状、碎片化课程走向立体、系统课程生态体系。崇尚人文，信奉科学，科技与人文并重。课程体系中增加渗透、培养时政素养、科技素养、人文素养、艺美素养、劳动素养的内容与比例，采取选课走班、学分制管理。

指标2：活动与学生特长、爱好、兴趣关联，变关注孩子一时为关注孩子一世。

从为活动而活动，为打发时间而无目的活动，走向活动选择、开设与学生特长、爱好、兴趣关联。从统一共性活动，走向私人定制的个性化活动，最终构建可自主选择的活动超市。鼓励学生多参加体育活动，鼓励班主任组织学生开展校外研学旅行，鼓励有条件的学生参加艺术培训班，鼓励学生参加劳动实践。同时选修课、社团课程要为"一生一特长、一生一喜欢锻炼"项目搭建平台，实现规范加特色、合格加特长的活动目标。

指标3：深化、细化课堂改革。

双减主战场在课堂，培优补差主战场也在课堂，为此要从文化氛围创设、课堂模式建构、学习内容统整等维度来深化、深耕课堂改革。

可实施策略有：集智备课；教材统整，大单元设计；以大概念、核心概念确立主干问题化系统；构建学习共同体；引入信息化学习与思维工具；学程再构，学以致用、用以致学相结合；活动评价镶嵌于活动任务之中；倾听、串联、反刍为主线；关注深度学习、高阶思维、远迁移；重视元认知、教学目标完整达成和学习价值深度实现。

指标4：从作业布置走向作业设计，从作业检查走向作业监控。

教师下题海，学生荡轻舟，变传统狂轰滥炸型作业为精确打击型作业。最明显的标志是不再购买市场粗制滥造、低劣作业，教师会自己依据学情，通过选题、改题、创题来设计作业，从预设性作业走向动态生成性作业。

理顺预习性作业、巩固性作业、探究性作业、拓展性作业之间的关系；挖掘伴随做作业产生的作业文化育人功能；重视作业对保持学生学习兴趣及全面成长发展的作用。

变事后监控为事前提醒、服务，加强教师作业设计新基本功培训，举办优秀作业评改细节研究会。

指标5：研究核心素养导向下考试形式，发挥考试指挥棒导向作用，考出文化、价值观，考出素养。

正确、辩证对待考试，研究出有理念引领、技术支撑、有信度、切实可行的一、二年级期末非纸质考试形式；小学高段及初中建立熟题库，在命题立意、情景、设问上做文章，反套路、反刷题、反死记硬背。

指标6：完善评价机制，探索绿色评价，让综合素质评定在中招升学中真起作用。

评价目的定位从传统的甄别、鉴定、评判功能转向诊断、促进、发展的新功能。

关注过程性评价、表现性评价和发展性评价，关注学生自我、同伴评价，关注激励性评价；研发创新评价新形式，让评价扩容、增值。

发挥成长档案袋评价功能，把综合素质评定做细、做实，让其在中招分配生录取中权重增加。

不能让音体美走向纯应试之老路。从单纯考查技能走向考查素养，从强制突击变成兴趣、习惯、常态。比如中招体育考试就可尝试加分制：三年初中无近视可加分，身高体重指数正常加分；有一项终身喜欢并坚持锻炼项目可加分；等等。也可以考核学生体育素养：规则意识，体育精神，运动习惯，健康意识、行为，基本运动能力，专项运动技能，等等。绝不要把音体美教育绑在应试战车上，不让短视、功利性考试副作用在音体美学科重演。

路径二：在教师减负上做足文章，调动教师参与双减与延时服务

内驱力——愿参与、乐参与、会参与

指标7：实行弹性上下班制，评优、职称评定、绩效工资向社团课程开设、延时服务倾斜。

增加学校教师编制；从培训机构中特招一批艺美技能科教师；从离退休干部、士兵群等中征召一批延时服务义工；向社会购买科技、艺术课程服务；实行弹性上下班制，把学校教师从超负荷工作中解放出来。

维度8：引导、鼓励教师参加社团课程培训，提高教师社团课程开设、作业创意与设计、学业与职业规划等专业技能。

要组织教师开展相关培训。学校鼓励教师利用寒暑假参加艺术培训班，也可以大学生顶岗实习，让教师带薪到艺术院校进修，进而解决社团课程师资不足、延时服务从有到优的问题。

路径三：在对家长引、评上深谋划，变家长为双减政策的"神助攻"

指标9：借助《家庭教育促进法》颁布东风，引导家长教育理性回归，转变认识——学校学习为孩子的主食、正餐，参加课外学科培训为孩子的副食、加餐，注重孩子的快乐、幸福及全面发展。

引导父母关注陪伴孩子的质量，提醒父亲在孩子童年、少年时期决不能缺席，抽出时间多参加孩子的家长会；教会家长与孩子有效沟通；丰富家庭生活，提升孩子在家幸福指数；鼓励不同家庭之间"拼养"，轮流、错时带孩子去游玩。

双减仍在求索路上，可以快进，但绝不能暂停。盼学校双减实施的 2.0 升级版由应然变为实然，又由局部、偶然变为整体、必然。

期末考试新的打开方式

双减政策明确规定，小学一、二年级期末不允许进行书面考试。非书面考试，作为一个新生事物，多数学校、教师都是第一次接触，不熟悉怎么考；家长对孩子学得如何，这种考试能否考出孩子的水平也格外关注；与此同时，如何对低段教师教学效果科学考评，也成为一个棘手问题。为此，笔者撰写此文进一步研究、探索。

一、澄清对一、二年级期末考试的错误认知，树立新考试观

错误认知1：把不让书面考试理解成了不让考试，期末不做测评、诊断。

错误认知2：非书面考试考不出学生水平，是搞形式、做样子，是糊弄家长。

错误认知3：偷偷进行传统的纸笔考试，自认为这才真实。

错误认知4：仍采用百分制，不实施等级制评定。

正确认知：不准进行书面考试不等于不让考试，可以进行游戏性质的闯关、乐考。寓考于乐，寓考于游戏中，是其典型特征。变常规

学科知识为内容的单一书写的卷面考试为多元多模块测评，它指向于学科核心素养，侧重于检验学生方法的掌握、知识的运用，学科的兴趣、心理素质，行为习惯的养成，与人合作的意识，公众场合自信表达能力，以及学习的情感与态度，等等。

二、依课程标准、课本、教参要求确定重点考查内容，首先解决考什么这个首要问题

1. 考核心知识。比如语文：一年级考查汉语拼音表背诵、拼读、书写；二年级考查查字典、识字方法、识字量、写字量。又比如数学：一年级考查0至9这十个数字在日字格中的规范书写、数的合成与分解、加法减法意义；二年级考查乘法口诀表背诵、应用等。

2. 考知识在真实情境中的迁移应用，比如商场购物、日常口语交际等。

3. 考学科核心素养，比如语文的听、说、读、写，数学的阅读、观察、表达、推理等。

4. 考学生学习习惯。比如：写字、读书姿势，小组合作学习中的全身心倾听与有理有据表达，课前预习，计算后检查，等等。

5. 考学生学习方法，比如识字方法、凑十法等，又比如各学科通用的背诵方法、预习方法、检查方法、整理知识方法、合作学习方法等。

6. 考学生学科学习兴趣、特长，比如绘本阅读、自认为优秀的项目等，过程中测查心理素质等。

三、围绕闯关、乐考探索非书面考试特点、形式、版本，即解决怎么考的问题

1. 非书面考试要遵循的原则

①依标扣本，不刻意降低标准但也不人为拔高。

②模块化、项目化。把所学章节内容分成若干模块或项目，进行测查。

③全面性。一是全面考核知识内容。比如：识字既考认识多少，又考会写多少，还考是否写得又快又好（正确美观）；阅读考朗读、背诵、课外绘本阅读等。二是既考传统知识点，又重点考习惯、方法、素养等原来书面考试考不出来的东西。

④趣味化。特意创设闯关小剧场，提供真实生活场景，寓考于乐，寓考于游戏。

⑤过程性。一是把考试过程变成知识梳理、整理过程，成果汇报、特长展示过程；二是注意观察学生在学习过程中的社会认知情感表现，评价关注结论，更要关注学习态度、思维过程等。

⑥选择性。学生可选择试题等级、难度，也可选择求助形式，甚至可选择准备后再考。

⑦等级评价。结果只给单项、综合等级、评语，不打分数。

⑧成绩私密性。结果不排名、不在家长群公布，私下告知学生及其家长。

2. 考试可采用版本

1.0版：主要考核个人现场表现。

2.0版：既考核个人表现又考核所在小组表现，既考核现场表现

又考核提供作品成果等。

3.0版：在2.0版基础上增加，既有必考项目，又有学生愿展示特长项目，分别占不同权重；既考学科素养又考跨学科素养。

3. 测评及打分形式

测评小组分两种，一种全由教师组成，另一种由一名教师和经过培训的高年级学生组成；现场评定单项及综合等级，填写在闯关乐考卡上面。

4. 闯关乐考卡设计及应用

闯关乐考卡分教师版、学生版。教师版包括项目、要求、评定等级标准、考前需准备用品等栏目，学生版只有前两项。

四、闯关、乐考三级试题（项目）设计列举

1.0版试题推荐。比如语文：抽签听短文录音回答问题；背诵汉语拼音表及整体认读音节，从卡片中抽取拼音拼读，抽取声母、韵母若干在四线三格中书写；从识字卡中抽一组生字认读，从写字卡中抽一组在田字格中听写，就一组生字说识字方法；用字典查抽取的生字；从已学课文中抽一篇朗读，从要求背诵篇目、片段、古诗中抽取背诵；在真实情境中检测口语交际，通过讲故事检测说的能力。

又比如数学：从口算卡中任抽一张看口算速度、准确度；背诵数的合成与分解、乘法口诀表片段，抽检测应用；在购物情境中应用数学知识；抽题读题、分析题；给算式创编应用题；等等。

2.0版、3.0版试题推荐如下：

1. 考绘本阅读：必读书目可采取看说绘本地图的方式。地图站点中，有封面，有插图，有人物，有人物说的一句话等，让学生阅读后

说书名、评价人物、复述故事等。

2. 考讲故事：设置不同层级，可讲课本中的故事，可讲课外读到的故事，可讲自己提前创编的小故事，可围绕所给词语、人物现场创编小故事，也可小组几人故事接龙。

3. 古诗配画，画配古诗。

4. 展示单元思维导图、学科手抄报，展示自己制作的生字词书、绘本书，现场演出小组准备的课本剧，等等。

5. 用上时间、长度、重量等单位描述自己的早上生活片段。

6. 小组协作完成一幅创意拼图。

7. 给一个加法或减法算式，让学生创编不同类型的应用题。

8. 让学生读题，说题意，说怎么列算式。

9. 给一个问题，让小组现场讨论，看协作过程、结果。

10. 找一道易错题讲给同伴听，讲清楚出错原因及正确做法。

11. 给一幅画面，让学生分别用不同学科知识去表达。

12. 给一篇课文让学生预习，观察预习过程、结果。

13. 跳绳互相计数，并创编一道应用题。

14. 玩数字运算棋、扑克牌算点数，考查计算熟练度、创新度。

15. 同层次学生互相出题，若出错想办法给同伴讲会。

16. 围绕讨论主题，先说说自己的看法，讨论后复述一下别人的看法，最后说说自己完善后的看法。

17. 学生可申报自己擅长或感兴趣的项目，进行更高层次的闯关或展示，如唱演古诗、讲述数学家故事等。

18. 举一个让你感觉语文、数学有用的事例；讲述一个自己在学科学习中遇到困难是怎么克服的故事。

19. 在读书、写字过程中评价阅读与写字情况；在合作学习中观察学生倾听、表达习惯；在展示分享、闯关中观察学生心理素质等。

20. 让学生做自我评价，考评其学科学习兴趣、自我反思的元认知能力。

这些列举旨在打开创意设计思路。教师可依据学情，选定测评版本，采用排列组合方法进行命题创意与考试实施。建议正式考试前，进行一次全流程全真模拟。

非书面考试若设计、组织得好，考核得会更全面、更真实，比书面考试更能考出学生的综合素养情况。而且，学生乐意参加，家长也认可。

秉持在奔跑中调整姿态的理念，建模、迭代、跃迁，边改边完善，最终让小学低段的非书面考试真正落地，成为考评新常态。

课程思维让延时服务提质增效

延时服务是一项民心工程，延时服务如何真正做到让学生喜欢、家长认可、社会满意？笔者运用课程思维对延时服务进行了资源开发与监管，取得了提质增效的可喜效果。现将实践探索分享如下：

一、把做作业开发成自主学习课

笔者赞成上海教委教研室王月芬主任的观点：学科课程多体现教师指导下的学习过程，做作业过程是过渡到没有教师指导的自主学习的过程，是锻炼独立学习能力、理解内化课堂知识的过程。为此建议把延时服务中的做作业开发成自主学习课（简称"自习课"）。

将每天这节自习课提升到与其他学科课时同等重要的位置，目的是最大限度地增加学生学习自由度。自习课属于学生，学生是自习课的主角，自行安排学习内容。

自习课将是课堂的一种新形态。课堂上学生依次要完成如下任务：整理课堂笔记；规范做作业；预习明天要学习的内容；若还有剩余时间可自主阅读、偏科补救等。

自习课还肩负着重要任务：唤起读书的欲望，校正不良的习惯，强化学习定力，优化意志品质。因此这类自习课要建设，要让其常态化。

自习课大致分为如下类型：

1. 学科自习课。所谓"学科自习"，就是在某段时间内只许做规定科目、规定范围的题目，学科自习课归该学科所有，但不准讲课或变相讲课，教师可以辅导学习；作业必须控制在二十分钟内完成，后二十分钟为预习时间。

2. 公共自习课。这是留给学生自由支配的时间，主要用来整理笔记、改错和探究难题。除班主任外其他教师一律不准进教室，完全由学生自主支配。

3. 合作讨论自习课。这是学生自由讨论、解疑释惑时间，解决一周内不理解、不明白的内容。

此外，还尝试分区、分级完成作业。自习课上座位与正课的不同，依据学习方法、试题难度、试题数量将教室分成不同的做作业区。比如根据学法不同分区：优秀生独立钻研自我提升区、中等生合作讨论消化区、学困生教师重点辅导区。同一内容，优秀生独立钻研会（会学），中等生合作讨论会（学会），学困生教师点拨引导会（讲会）。比如根据难度不同分区：优等生做拔高题，中等生做能力提升题，学困生做基础题。又比如根据题量不同分区：对优等生、中等生、学困生在同一时间内完成数量做不同要求。

二、把社团活动上升到社团课程高度来开发、监管

社团课程是一门学生必修的可自主选择学习内容的课程，即从兴

趣小组提升到学分制选修课程。可分为四大类：艺术类、学科类、科技类、生活类。

那么，如何提升社团课程开设与管理质量呢？下面六条对策可供借鉴。

问题1：没有社团专用教室怎么办？

对策：一室双用，教室既是学科教室，又是社团教室。另外，如少先队室、会议室、备课室、餐厅等也可一室两用。

问题2：师资、教材、器材问题怎么解决？

对策：一师双岗，教师既是学科教师，又是社团教师。寒暑假教师可参加与社团相关的培训，学校拿培训费。社团课也纳入课时，开不了社团课的，增加学科课时或安排值勤。

与乐器、器材商家协商，定点购置器材，商家为推销可能会免费为学校配师资。也可聘请专业教师。

采用选购、改编、自创三种办法解决社团活动教材；人手一套器材，费用家校分担。学校层面出台《学校社团课程管理纲要》，对课程目标定位、课程资源开发、课程实施、课程评价做详细规定。依据选修人数、学生喜爱程度、实施效果等为教师发放课时津贴；对教师自主研发的优质课程资源，学校付费购买，一旦使用，即使教师调离，也年年付费。

问题3：社团水平层次低怎么办？

对策：可聘请校外培训机构专业团队到校办收费社团（低于市场价），家长、学生自愿选择。学校内部社团依据选报人数、社团成果展示、学生评价、资源开发划分为一类、二类、三类，等级不同教师拿的课时工资不一样，三类下期停开。

问题 4：如何满足学生选报？

对策：像高考报志愿一样，可填报几个志愿，满足不了第一志愿，满足第二志愿，依此类推。另外社团人数与教师工资挂钩，鼓励教师在保证质量前提下适当多招学员。

问题 5：对外聘教师如何管理？

对策：学校会派对该社团感兴趣或有一定基础的本校教师当助教，其职责有二，一是学习专业技能，为将来自己开社团做准备；二是协助外聘教师组织教学，尤其是要对外聘教师的工作态度、上课时长、工作效果进行考核，校方会通报到其所在培训机构并与工资奖惩挂钩。

问题 6：如何让孩子系统参加某一专业社团？

对策：同类社团，可设置初级、中级、高级等多个层次，考核通过后进入更高层级，这样利于学生系统学习。

学校最好依据办学目标，先确定要培养的素养，编制学校课程体系及课程指导纲要，后选开什么样的社团课程。一定不要有什么，开什么，而要缺什么，补什么，最忌同性质社团重复开设，会造成营养不均衡，易患肢端肥大症。

需要说明的是：

1. 若教师、场地不够，自习课与社团课程可交叉进行，即一半学生先上社团课，后上自习课；一半学生先上自习课，再上社团课。

2. 同学科正课那样，学校要对社团课程开设进行监管，要巡课，要考勤，要教研，要评价。

与双减理念匹配的分层教学新形式

一方面双减与课改的目标指向是相同的,另一方面前期课改的文化、模式积淀为双减提供了坚实的基础,同时,双减又将成为深化课改的新要求。分层教学模式在历次课改中皆扮演重要角色,那么双减背景下的分层教学又有哪些新策略、新特点呢?

首先让我们对以往的分层教学探索做一简要回顾:

1. 整体分快慢班

依据学科总成绩将学生分成快慢班,有的叫实验班与普通班。优秀师资集中在好班、实验班,目标指向升学率。这种贴标签式分班,对学困生伤害最大。现在看来,关注了效率,忽视了公平,与当下所提倡的均衡是违背的。

2. 组间同质、组内异质的小组教学

将班级学生依成绩分成优中差三列,从优秀生中先竞聘产生组长,组长再从优中选1人,中、差中选2人组成组间同质小组。好学生以小先生身份帮扶学困生,互教互学成为常态。

这为课改倡导的自主、合作、探究新学习模式落地找到了载体,同时也让普通学校找到了课堂改革方向、方法。但随着时间推移,这种小组分层教学模式的弊端也逐渐显露:优秀生陪学严重,学困生游离于合作学习之外;模式化;课堂缺少厚度、高度。

为此,笔者进行了新探索。

探索之一:组间异质、组内同质的小组教学(班级复式教学)

考虑到一些学校、班级、学科学生两极分化比较严重,在复习课或毕业班升学复习阶段,也可采用优对优、中对中、潜能(学困生也称"潜能生")对潜能的结对方式(类似过去农村教学点的复式教学),但前提是事先向学生做好解释说明工作,同时教师要设计好分层的学习内容,做到设计形式分层、内容分层、练习分层、达标检测分层。需要注意的是,一定要按学科分层,某个学生语文课可能在优等组,数学课可能在中等组,英语课可能在潜能组;要尊重学生的选择,让学生自主选择适合自己学习的小组;允许学生中途调换小组。具体操作中可借鉴复式教学模式,错开展示时间;同时在编排座位时要充分考虑"小组就近询问"的需求,便于潜能组、中等组就近解决疑难问题。特点:组间异质,组内同质。

形式1:同质同标分组。各小组学习内容、标准相同,但学习方法、方式不同——优秀生独立学习,中等生合作讨论学习,学困生师生互助学习。

形式2：同质异标小组。各小组学习内容、标准各异，一个班按优秀生、中等生、潜能生分成三个区（复式班）；区内异质分组，依小组合作学习程序学习不同层次内容。

探索之二：学科协作组性质分层教学

对学生基础差异较大学科，可尝试班级协作组性质的组班。

具体方法是：二至三名教师自由协商组成学科协作组，教学效果捆绑制考核；学科教学可分二至三个层级，同一节课分层同时授课，学生可自由选择适合自己学习层次的班级；协作教师轮流教不同层次班级；同一个学生数学可选A层班，英语选C层班。注意，不是分快慢班，而是按学科基础强弱组班。

探索之三：学习路径、提供脚手架不同的分层教学

在学习同一内容时，针对优、中、学困三类学生，教师提供的学习方案、学习策略详略不同：对于学困生给问题、给解决方法，让其尝试找到答案；对于中等生只给问题，学生自己寻找方法、答案；优秀生自己发现问题，寻找解决办法，尝试多种方法解答问题。在提供脚手架方面，优秀生不导航，自主探究；中等生关键处导航；学困生设置阶段路标，提示导航。这样，各类学生都能在各自最近发展区内学习，也都能完成学习目标，即路径不同，但最终

达到目标相同。

不难发现，双减背景下，分层教学的内涵变化是显而易见的：依成绩分快慢班的粗放式教学，被精细化的自主选择的学科走班制所取代；异质分组，被多元分组所取代；传统从内容难度、练习层次上分层，被追求学习过程不同但目标相同的学习路径、提供的脚手架分层所取代。

新学期减负提质的五条微创教学管理创意

从2022年春季开始，双减推进从时间、形式减负的前半场，走向了提质增效的下半场，即采取科学、道德的方法实现有后劲、可持续的绿色教学质量，学校生存与发展竞争将进入生源公平背景下的以质量为中心的关键指标竞争。为此，笔者特提出新学期减负提质的五条微创教学管理创意，供学校参考。

微创意之一：教案从评价走向诊断改进，作业检查增添作业效果新指标

把每月教案检查变成撰写教案经验交流分享会、反思会。每个教师在自己能力范围内确定下个月要学习的同事身上的一个优点，改进同事指出的一个缺点，下个月重点考核这"1+1"落实情况，即每月学习一点点，改进一点点，进步一点点，变考核评比为诊断改进。

作业检查增添作业效果新指标。学生所做作业题是否掌握，是评价作业的重要指标，为此建议在传统评价学生书写、纠错订正、批改是否及时等基础上，增加一个新指标——用作业、练习册上的原题抽测班级学生，看教师所教班级作业效果如何。同时此举还可倒逼学生对做过的作业二次消化，让作业效果最大化。另外，对作业的评价从原来的综合评价变成书写、正确率、解题方法三个维度单项评价。

微创意之二：在当日错题订正基础上，增加单元错题二次纠错

作业上的错题规范订正后，学生为什么还常犯重复性错误？破解对策是把单元错题汇总到一起，进行单元集中纠错（二次纠错）。

具体方法有两种：一种是上一节单元纠错课。优秀生错题较少，可针对错题出题，供中等生、学困生检测纠错效果用；中等生独立纠错；学困生可在优秀生指导下纠错。

一种是开展问题门诊学科活动。以下做法值得借鉴：优秀生是"坐诊的医生"，诊断学困生的问题、提出诊治建议后撰写一份施诊记录，对自己施诊过程中遇到的主要"病症"的形式、原因进行描述，并提出有效的"抗病"策略；有疑难需要请教的学困生，即"患者"，在问诊后撰写一份求诊记录，对自己求诊的问题、当时的困惑，以及现在对这个问题的理解、以后的应对策略等一一进行描述。

微创意之三：开展双减背景下教师新基本功大赛

教师基本功代际提升：第一代，三字一话一画；第二代，新课改时代教师基本功包括课程资源开发、教育科研、信息技术（会使用电子白板、实物台，制作"微课程"，等等）；第三代，移动互联网、人工智能时代基本功包括读懂学生（分析师）、重组课程（设计师）、连结世界（策划师）。

当前双减的深度推进对教师素养提出新要求，为此，建议开展"社团课程资源开发与运用""作业、命题创意设计与评价""学业与职业规划指导"教师新基本功大赛，以赛促学，以学促施。

微创意之四：提倡三级备课，重视中段的单元备课

假期整本书备课、教研组单元备课、教师个人的课时备课要构成链条。

学科核心素养落地要靠单元教学设计来实现。单元备课三层结构：第一层，明晰本章要学习的知识系统；第二层，提炼、理解这些知识背后隐藏的大概念、主干问题；第三层，定位到如何运用大概念解决问题。

同时，还要关注单元备课六个侧重点：(1) 目标解读。构建"学科总目标—级段目标—年级目标—单元目标—课时目标"五级目标链条；厘清总目标与级段目标的关系，年级目标与单元目标的关系，单元目标与课时目标的关系；重点做好单元目标细化、分解，比如单元

语文要素训练要分解到课时中去。(2) 教材解读。在研读教材基础上，重点梳理三大关系：册与册知识点之间的关系，知道前面学了什么，这一部分为后面什么服务的，即搞清知识的来龙去脉，做到上挂下联；课时与课时之间的关系，明确教材编写体例及设计意图；知识点与知识点之间的关系，要画出单元思维导图及知识双向细目表（横栏，识记、理解、应用、创新；竖栏，各个知识点。）。(3) 学情分析。可采取问卷、访谈方法，重点从学生知识、能力、经验、思维、心理等方面进行，以学定教。(4) 教学设计。本部分共分三部分：一是对本单元教材重点、难点、易错点、易混点、常见考点进行详细梳理；二是目标达成设计，尤其注意对新题型的搜集与研讨；三是关注本单元大概念及渗透的学科核心素养。(5) 教学策略。着重让去年教过本单元的有经验的老师给出建议；从去年单元测试卷及试卷分析中得出今年教学要提前预防的问题及需要拓展补充的内容；消化落实课标、教参上的相关教学策略、建议。(6) 课时划分。协商确定本单元新授课、习题课、复习课、检测课、机动课课时数。单元试卷不建议用市场上的公用试卷，通过改题、创题进行个性化试卷命制。

微创意之五：建议设置学习顾问这个新岗位

学习顾问的职责界定如下：

(1) 学业选修指导。文理固定科目高考时代已被自主选修新高考时代取代，如何依据个人职业规划、兴趣爱好、学科潜力来选修学科，需专业指导。

(2) 职业规划。许多学生报志愿时并没有什么规划，选错专业导致选错行业一生碌碌无为的太多太多,职业规划短板急需弥补。

(3)学能训练。学科辅导将被学习能力、思维生长训练取代。

(4)学情诊断。元认知理论认为:学习效果是情绪状态、知识结构、思维方式、行为习惯、元认知多因子综合作用的结果。对学生个体学情诊断,对多种厌学症诊治、学习效率提升非常有效。

(5)学程设计、调适。学生学习被设计、预设计,将走向自设计、生成设计、个性化设计。学程设计、调适需要顾问给建议、把关。

(6)心理咨询。学生问题多数是心理问题,而不是品行、思想问题,心理亚健康需要专业诊治。

(7)课程资源推荐。学习场所、方式、平台鱼龙混杂,让学生、家长眼花缭乱,无所适从,如何量身定制需顾问评估指导。

(8)学法指导。许多学生学不会不是态度问题,多是学习方法不科学造成的。可见高效阅读、高效记忆、高效思维专业指导训练非常重要。

(9)帮助优化学习、思维工具。工具改进属于学习生产力变化范畴,帮助学生优化学习、思维工具是提升学习效率的又一视域,潜力巨大。

提升教与学效率的二十条核心经验

一、理念方面

1. 先能管住课堂纪律，再谈教学方法。学会有效管控课堂是上好课、保证质量的前提，课堂秩序无保证，讲得再好也没用。

2. 先解决想学问题，再谈学习方法，想学比会学重要。许多孩子学不会不是因为脑子笨，而是不想学，是学习动力出了问题。可见激发、培养学生对所学学科的兴趣，让学生产生内驱力，用学科魅力保持学习长久乐趣、志趣多么重要。腾出一点时间做思想工作有时比好心地直接补课、逼学练效果要好。

3. 从备与讲的关系看，教学效果不理想的教师多重视上课，往往忽视精心备课，这是一种本末倒置。备课不充分，上课学不会，就得大量练习、考试去补救。优秀教师一节正课能完成任务，许多年轻教师需要多节课甚至加班加点才能完成，差距根源在备课，因此，备课与上课时间比尽量达到2:1。

4. 从讲与练的关系看，教学效果不太理想的教师多把握不住两者的度，要么讲得多，练得少，造成的结果是班级平均分不低，但就是没有拔尖的；要么讲得过少，不注意知识的梳理与拓展，学生学习方法的点拨、能力的提升，因而造成中等以下的学生学习吃力，跟不上进度，期末测查成绩两极分化就在所难免了。若是前者应增加练的成分，若是后者应增加讲的成分。满堂灌应该摒弃，多讲多练也不科学，精讲巧练才是正途。

5. 从练与考的关系处理看，存在的共性问题是练考不分。小测验时，遇到学生不会或易忽视的问题，轻则通过提示或强调关键词句"好心"提醒学生，重则直接让学生停下来，在黑板上讲起来；没有时间观念，啥时学生做完啥时收卷；对学生的卷面书写平常不做严格要求；学生随意使用演草纸；等等。造成的后果是，大型考试时，学生没有时间观念，试卷总是做不完；书写习惯没养成，涂抹现象比较严重；更可怕的是学生身边没有了"最亲近的学科教师"，缺少了"护身符"，缺少了关键的语音提示，学生不会独立思考、做题。况且教师还多数归因为学生考场上紧张，发挥不好。练习与考试的关系应该是：练习如考试，考试才能如练习。

二、备课方面

6. 变固定教学案为动态生成案。教案上要有学生回应问题的各种应对预案：学生对问题的回答、解决可能出现哪些错误，如何应对，这个问题的追问、拓展策略是什么。即以学定教，顺着学生思路走，顺势引导。

7. 备份例题与练习题。课堂上经常会遇到因学生掌握不好需要补充例题、练习，或课堂推进比较顺利，可以增加有难度的例题、练习，如果课前无准备，应对就会变得仓促，课堂教学效果自然大打折扣。避免低效发生的最好办法是备同类题、较高难度的题，以备不时之需。

当学生对知识点掌握较好时，同性质题就可跳过去；相反，则立马启用，再次讲解、消化、巩固。若进展顺利，课堂还有剩余时间，就可推出提高难度的备用题。

总之，依据课堂真实学情，启动动态题组，题量、题型要充足，选什么题，同类题做几道，讲题进度完全由学情决定。

三、早读方面

8. 早读不但强调背诵，更重要的是要背默过关。会背不会写、写错别字是失分主因。

9. 有些学生背不会有时不是态度问题而是方法问题。早读不要一味强调大声读，有的学生大声读反而记不住。让学生用适合自己的音量、方式等去诵读，能提高识记效率。学困生先要会读，然后再回到座位去背诵；优秀生记得快，早读时间不能浪费，可自主启动拓展背诵。

10. 单元生字词可先让学生听写，把不会的、写错的列入黑名单，重点记忆，即不平均用力，只记不会的，不做无用功。

四、上课方面

11. 处理课堂违纪、偶发事件重在控制事态，要用最短时间、最简语言处理，原则上不超三十秒，以最小代价获取最大效益。切记你是学科教师，此时是学科课堂，不是班会课。

12. 用好课堂上的黄金学习期。上课五分钟后到二十分钟这段时间是一节课的黄金学习期，必须确保用来处理本节课的重难点，切忌导入时间过长、处理昨天作业问题过长、处理班级事务过长，也不能一上来就批评学生，在师生情绪不佳的情况下讲新课。

13. 关注课堂提问的两个三至五秒黄金等待期。第一个黄金等待期是指提出问题后，要留三至五秒等待时间（候答距），让学生深度思考，不提倡急于举手，那样会造成学生答案是浅层次的或是不全面的，更忌先叫学生，再说要回答的问题；第二个黄金等待期指的是学生回答问题后，要留三至五秒反思期，让其修改、补充自己的答案，其余学生补充时先概括前者发言要点，思考自己的答案与回答问题学生的答案有什么关联，以及如何有理有据质疑补充。

14. 课堂上教师要"四不站"。

提前候课时，不要站在讲台上。打开电子白板、布置预习（复习）任务后，要走动检查学生课前准备习惯养成情况，维持预习秩序，提醒学困生进入预习状态。

学生讨论时，教师不要站在讲台上干等，要走下讲台，走入小组，一则观察学生讨论情况，关注指导薄弱小组，二则发现各种答案，确定后续提问人选，三则时时提醒游离小组之外或走神的学生。

学生回答问题时，教师也不要站在讲台上，要把讲台让给发言（展示）学生，这样学生发言时就可避免学生只给老师讲，仅与教师互动，也能构建加强全体学生互动倾听气场。

学生做练习或检测时，教师也不要站在讲台上，要拿着红笔走动随时批改，指出学生错误及时一对一反馈，对全对或有进步学生用手势、眼神或一句话进行激励，对贪玩学生提醒或帮扶。

15. 一次把问题系统讲（学）清楚，不做夹生饭。忌语速过快，不留思考时间，看学生不会，重复多遍，重复讲时一遍比一遍快。慢慢讲学困生还听不懂，快速讲就更听不懂了，况且讲二三遍时，已会学生不听争着发言，干扰学困生听讲。

一题快速讲多遍，不如慢慢讲一遍；用一种方法讲多遍不如用多种方法讲一遍。一定要让学生完整经历解决问题的过程，在试错中成长。

一道题至少从两个角度讲（学），第一遍讲做法，第二遍从思维视角归纳概括思路、方法、步骤，从这道题怎么做提升到这类题怎么做，或这道题还可怎么做，这道题还可怎么问、怎么变，这道题可归入哪一大类，即做到题题彻底清，根上悟。

16. 讲到重难点时要有引起学生注意的提示语，同时借助声调变换、放慢语速等突破重难点。

对重点题，教师讲后，先让中等生再讲，最后让学困生复述，或同桌对说本题解答思路。

17. （1）让学生掌握一种听课策略——同声翻译。

教师提问或别的学生展示时，心中想着发言的是自己，不出声像同声翻译那样在心中默说一遍。若遇到不会的问题，可慢发言同学半拍，他说一句，自己心里重复一句。把旁听变成默说，把旁观变成自己是主角。

（2）用波动式注意法，来提升听课专注度。

会听课的同学知道自己会什么、不会什么，对不会的会高度注意，对会的适度放松，使听课松弛有度，形成课堂节奏的波动。

五、练习与考试

18. 要利用好开卷考、分段考、二次考、组卷考等考练形式，务必明白考的目的是让学生会，注意考练效率。

19. 倡导从普通训练走向刻意训练。

刻意训练特征：在舒适区之外"学习区"练习；有明确的练习目标；把要训练的内容分成有针对性的小块，对每一个小块进行重复练习；在整个练习过程中，随时能获得有效的反馈；练习时注意力必须高度集中。

刻意练习是以错误为中心的练习，练习者必须要对错误极度敏感，一直练习到改正为止。

注意事项：练习的都是学生不会的；要把大问题分解成小问题进行专项训练；训练时必须专心；训练结果教师及时反馈并再强化训练。

20. 让学生尝试使用费曼学习法去检测、修补漏洞。

具体做法如下：

学习某个知识点或者题型后，引导学生在大脑中模拟一个场景——正在为别人讲解这个知识点或者题型。

像一名老师一样，以清晰的语言向别人（想象的一个人）讲述这个知识点或者题型，务必讲解得清晰、系统、深刻。在讲解过程中，可以边讲边写；如果遇到无法讲解清楚的地方，那就在相应位置进行标记。

如果讲得不顺畅，或者干脆不知道怎么讲了，那就说明这个地方自己并没有真正掌握，这就是一个知识漏洞。

带着标记过的地方，即找到的知识漏洞返回到学习状态，想办法解决这个知识漏洞，然后继续上述循环。

第二篇 减负提质创意与实践

提高教学效率的九个金点子

双减下半场是减负提质,减负提质主战场在课堂,提高教与学效率是关键,为此笔者在阅读专家、学者论述基础上,搜集、整理、创意了一学就可落地的九个提高教学效率的金点子。

金点子之一:课堂上尽量避免多人凑正确答案的问题回应教学

观课时发现在课堂提问与应答这个关键环节有种习以为常但值得思考的现象:教师提出一个问题时,学生甲只答出了答案的某一方面,随即学生乙补充了一个方面,学生丙又答出了一个方面……也就是说,多个学生的回答拼凑成了完整答案。还有一种情况就是,部分学生答出了有深度、富有创意的观点。但无论哪一种,老师对这个问题的回应都会结束,立马进入下一个环节。

课后若拿类似问题检验学习效果,会发现学生答案仍是肤浅、不完整、不全面的，或者是没有新意的。

为什么会这样？症结何在？我认为多个学生凑一个完整答案不代表学生个体就能完整说出这个答案；同样，经过几次提问才有学生说出理想答案，更说明这个问题多数学生不得要领，更需点拨巩固。

这个在提问与应答中存在的问题如何破解？

当学生回答不完整或肤浅时，教师要学会等待，通过搭桥、追问等手段引导学生突破思维的瓶颈，完整说出答案，尽量不要采取多人凑正确答案的方式。若学生思维实在突破不了，再让其他学生补充，但最后必须让学生复述完整答案，若能让学生说出思维受阻症结会更好。

遇到只有个别学生能说出理想答案的情况，则要引起重视，需要找同类题重点巩固相关薄弱知识点。

金点子之二：重视学科阅读、问题建模，让学生经历解决问题的完整链条

实践中笔者发现很多学生遇到叙述烦琐的试题，要么瞟一眼，认为读不懂，立马放弃，要么不认真阅读，漏掉部分关键信息，这反映出学生学科阅读品质及学科阅读能力，即学科阅读素养非常欠缺。

另外，笔者还发现有些教师越俎代庖，代替学生阅读、建模，造成学生无法经历解决问题完整链条的现象非常普遍。要改变这一现状，那就要拉长传统教学链条，重心前置。

具体讲：首先让学生独立阅读试题材料，圈出关键信息；然后让

学生用自己的语言组合复述相关信息，抽象、建模成相关问题；最后让学生分析问题，提出解题思路、方法。

金点子之三：对学生问的问题教师要因层施策，精准点拨，对症下药

对偏科没有信心的学生，可要求他每天（周）必须向老师问一个问题，倒逼他加大对本学科的投入。在解答问题的过程中，老师能发现他知识的漏洞，而且能发现并捎带解决与之相关的问题，这样就会逐渐弥补其知识断层，打破学不会的固化思维，增强其自信心。当然，讲后让其复盘，向老师复述、总结解题思路、方法，效果会更好。

对学困生，变课后补课解决不会问题为课前提前讲解重点问题。明天要讲的重点问题可提前为其讲解一下，并指出他需要强化的本节课要用到的旧知识。试想，学困生对本节问题解决思路方法提前听了一遍，上课时能听懂，他就会认真听，一认真听就会了，课后就不需要补课去解决不懂的问题了，教师投入的时间一样多，但效果明显不同，这就是翻转解决问题法之妙用。

中等生问问题时，不准说这道题我不会，而要说出是哪一步不会或卡壳。比如拿数学来说，是题读不懂，是不会找等量关系，是列不出方程，还是不会计算，逼迫学生放弃依赖思想，前置思考，让其处于愤悱状态，再点拨指导。

优秀生问问题时，教师千万不要急于解答，要用好"再读读、再

想想"这个策略，同时伴随这样的语言：你又读懂（读出）了什么？换个思路有新发现吗？看，你不是自己解决了吗？想一想，你是怎么顿悟、突破的？也就是说，教师不要直接告诉学生答案，逼学生自己研究，教师的作用在点燃、激励、唤醒其内在探究欲望。切记：难题不能讲通，只能想通。

金点子之四：六步三类文理科作业高效纠错法

1. 理科错题六步纠错法

第一步：找出错因。以数学为例，如题目抄错、数字看错、式子列错、中间数字算错、运算顺序错误、题意理解不清、混淆概念等。

第二步：保留错题，规范订正。这里规范订正有三层含义：在错题旁边用红笔订正；填空、选择、判断题要写出具体步骤，小题当成大题订正；蒙对的题也要订正。

第三步：要求学生再做一至两道同类型习题进行巩固。

第四步：梳理、归纳该题所涉及的知识点，进行系统复习。

第五步：想一想这个题还可以怎么变换考。理科教师可以尝试引导学生按照专家所说的如下五种方式进行改题训练：一是变换数字，就是改变题面中的数字；二是因果对调，就是把某个已知条件变成未知条件，把某个未知条件变成已知条件；三是增减条件，就是增加或减少已知条件的数量；四是数图变换，就是把数字变成图表，或者把图表变成数字；五是数变字母，就是把特殊问题变成一般问题。

第六步：把有代表性的错题整理到纠错本上，在当天、第三天、一星期后、一个月后各复习一次，即"1371"四次复习强化。

这样学生对错题，不但知其然而且知其所以然，再加上同类型题的巩固、强化，学生在今后考试中就可以少犯或不犯重复性错误。

2. 文科错题三原因及对策

有专家概括如下：

一是对教材中的知识点理解有误，或理解不深、不透。

解决方法：对题目所涉及的知识点认真地加以复习巩固，真正弄懂弄通。

二是对某些题型的解题思路、技巧未能掌握，或不能灵活地加以运用。

解决方法：务必掌握某一题型的答题要领。无论哪一类题型，都有特定的答题思路和方法，只有熟练掌握，遇到具体问题时才能有效迁移。

三是表现在答题时的非智力因素方面，如遇到复杂些的论述题，便产生恐惧心理等，从而造成失误。

解决方法：在平时训练中有意识地培养和锻炼良好的应试心理素质，努力克服不良心态，在答题时做到从容不迫、沉着冷静。

文科也可仿照理科进行改题训练。除采用理科常用的因果对调、增减条件两种方法外，还可以采取情境变化（改变题目所给的情境）、问题分解（把复杂问题分解成若干简单问题）的方法进行改题训练。

金点子之五：科学记忆、高效记忆

课堂上让学生选择适合自己的记忆方式，千万不能搞一刀切。

声音影响：有的学生大声读记得快，有的小声读记得快，还有的默读记得快。坐姿影响：有的坐着读记得快，有的站着读记得快，有的来回走动着读记得快。干扰因素影响：有的选择干扰较弱一角读记得快，有的在无人干扰的教室走廊读记得快。除此之外，还有一些因素会影响诵读效果：有的一个人读记得快，有的二人或多人对读、群读记得快；有的先读后写记得快，有的边读边写记得快；有的借助关键词、逻辑关系等寻找规律记得快，有的借助思维导图记得快；等等。

从脑科学理论视角看，低年级儿童的记忆方式是这样的：看到画面，在脑中形成这个画面的名称，说出名称，继而转移到相应的字词上。研究表明，频繁更换学习环境的学习效率要比学习环境一成不变的学习高40%以上。

主动回想比被动重复效果好。以背诵为例，学到差不多的时候最好先放一放，然后用心去回想刚才的内容，这样的学习效果比直接看书要好。也就是说，阅读加背诵，效果好过纯粹的阅读。专家通过实验发现阅读和背诵的最佳比例是3∶7。

规避记忆的一个误区——熟练度错觉。学习的时候你一眼就能看"明白"的内容会让你误以为自己已经掌握了，这就是"熟练度错觉"，即你以为既然现在一眼就认识，那就说明自己已经弄明白了、记住了。熟练度错觉会在潜意识中自动形成，因此要小心下面这些容易强化这种错觉的"学习方法"：画荧光线、再抄一遍笔记、刚刚学过再复习一遍。不过脑子的学习，几乎不会带来学习效果的任何提升。相反，让脑筋动起来，比如说考考你自己，或隔两天再复习，会真正帮你提升学习效果，并暴露熟练度错觉的所在。

金点子之六：分层布置作业，尽量让学困生与优秀生做作业时间一样长

多数教师在布置作业时，采用的是学困生只做 1 题，优秀生做 1、2、3、4 题，这样会造成学困生的作业量少，用时少。一测验，必须掌握的知识点学困生还是没掌握。

学困生因基础差，理解力弱，知识不能系统组块，因而更需要对必须掌握的知识点进行大量变式训练才能掌握。若练习量过少，必须掌握的知识点学困生必然掌握不好。

可见，对学困生来说，基础题也必须练多道，这样考试时才能做对。因此优秀生是每个类型做一道，学困生是同一类型做多道。

金点子之七：学习笔记"311"提质工程、错题本漂流、一本三用

初高中学习笔记如何作用最大化？专家观点是：忆，趁热打铁，课后抓紧时间回忆；补，及时把缺漏、省略的部分补出来；改，审视笔记中不够确切的地方，进行修改，使笔记更准确；编，对笔记进行提纲式梳理，使笔记更有条理；分，依标准对笔记进行分类；删，无关紧要的笔记删掉；记，重新抄写经过整理的笔记，同类的放在一起，便于日后复习。

1. 课堂学习笔记经过三次补记、一次交流，效益、作用最大化

为了不影响听，以听为主、以记为辅，课堂上学生记的是粗略笔记，即书上有的不记，听懂的不记，较长句子用关键词、符号记，因此课后需要把粗略笔记变为详细笔记。若在记录后再采取5R笔记法（记录、简化、背诵、思考、复习）效果更好。

单元学完，上了单元复习课后，对各节知识、方法等会有新的建构，可以补记、修订在各节笔记后面，即单元复习时对笔记进行知识梳理性质的修订。

同样，整本书学完，上了总复习课后，再次审视学过的内容会有更深的体悟，这时可再次修订笔记，即总复习时二次进行知识梳理性质的修订。

——消化。可借鉴《梳理知识：检查深度理解的方法》一书推荐的步骤：（1）复习或回顾先前所学知识；（2）指出错误之处并更正；（3）找出知识疏漏之处；（4）更新、补充先前知识；（5）解释知识错误、疏漏等的原因（反思）。

——交流。指隔段时间翻阅一次同伴笔记。翻阅时要关注同伴是怎样记笔记的，有什么优点值得自己学习，有哪些内容是同伴记录了而自己疏忽的，等等。

需要提醒的是：课堂笔记本要留三补区域，每次用不同笔补记，中招复习时重点翻阅最后一次补记内容。

2. 让同层次学生找错友，漂流分享

建立纠错本及六步纠错后，可增加一个让同层次学生找错友分享交流环节。

以周为单位，让学生翻阅同层次学生的错题本，一则看错题，看别人是怎样分析的，与自己有哪些不同；一则发现其他出错原因，吸取教训;还可以用别人选的巩固训练题来检查纠错效果。

还可进行纠错本同层次班级漂流,扩大错友结交分享范围。

3. 课前预习、课中笔记、课后整理三合一

笔记本不是课堂记录本,它应该有三栏:"预习记录""听课点滴""学后梳理"。预习记录是摘录要点和自己所思所想的;听课点滴是弥补预习不足和记录问题解决思路的;学后梳理是对比前两者并完成知识梳理(补充、纠正、分析异同、对错原因)的。这样的笔记本把预习、听课、总结反思融为一体,对学生思维发展有极大的推动作用,而且为学生自我反馈和长辈交互反馈搭建起了平台。注意事项:这种笔记本要求学生在校内完成,需要专门安排"整理"自习课。

金点子之八:三时态试卷检查法

试卷检查依据时间充足与否分为三种情况:应急检查,比如考试结束铃声已响立马要收试卷时,可将空着的判断题、选择题填上一个答案;快速检查,比如最后十五分钟提示铃声响后,自己又做了一段时间,检查时间显然不充分时,就要启动快速检查预案,一看有无漏题,二看格式如设答是否完整,三要对不会的选择题、判断题做出决断,等等;时间充足进行常态检查,重点题、有疑惑的题要重新读题,重新思考,不要思维定式。

金点子之九:大型考试后启用考试反思表、错题分析表

考试反思表设计模块——

1. 课堂听讲、完成作业情况怎样？
2. 复习备考重视度、投入度如何？
3. 参照、遵循的学科学习方法得当吗？哪些地方需要改进？
4. 分析一下自己试卷的错误类型、特征，失分较多模块，找出不该犯的错误。
5. 找出影响自己成绩的三个关键因子，并写出改进措施。
6. 为了考得更好，你需要老师提供哪些帮助？

考试反思表使用——

教师方面：收集阅读学生考试反思表，为每个学生提供有针对性建议；找出本班学生学习存在的共性问题、失分较多的共性模块，以及后续教学完善、改进、优化的策略。

学生方面：对自己前段的学习从元认知视角进行反思；找出自己学科学习的优势、劣势，思考学科学习方法需优化改进的地方；班级可开展考试反思交流会，让学生之间互相取长补短；更重要的是，可在距离下次考试两周时把反思表再次下发，让学生重温反思表，选用更好方法、措施来复习备考。

错题分析表使用——

一是要认真分析考试失分的原因。第一栏是大意失误，第二栏是模棱两可，第三栏是根本不会。学生必须对每个失分题目的原因进行分析，认真填写。二是针对失分的原因，提出解决的对策，包括以后的学习计划的调整等。

失分原因不是简单归类就可以了，要具体分析，比如因大意失误失分，要分析是看错题目，还是计算失误，还是其他原因，并在平时做作业和下次考试时减少这些失误。若能高度重视这个问题，并有效解决好，必然能有效地提高成绩。当然，解决这些问题，一定要分步走，比如，每次要求减少多少分的失误。

对模棱两可丢分题，先要把题目所涉及的知识点找到，认真回顾，接着，再反复做类似的题目，确保以后不再出现类似的问题。当然还可以做得更细一些，比如，把这些错题抄在或者复印好贴在一个专门的错题登记本上，两周后，再尝试做一次，看看会不会出现上次考试类似的问题。除此之外，还可以对错题进行改题训练。学生提高了纠错率，就是在提高成绩。

早读课等五大课型禁忌四十六条

笔者认为，一所学校、一个学科、一名教师教学质量的好坏是由早读课、自习课、复习课、习题课、试卷讲评课这五大课型是否高效决定的，只要实施集体备课，新授课之间没有多大差距。笔者通过观摩、概括、提炼出了五大课型禁忌四十六条，现与同行分享。

一、早读课禁忌

1. 处理班务。
2. 早读目标不明晰不具体。
3. 一刀切地让学生大声读。
4. 背得快的优秀生后半段因没事干，时间白白浪费。
5. 缺少对学困生单独领读，学困生不会读，导致背诵无法进行。
6. 早读快结束前缺少背诵、背默双过关。
7. 对过关缺少考核意识，对未过关学生缺少追踪反馈。
8. 墙上缺少语文、英语学科的日、周、月背诵过关累积考核表。

二、自习课（延时服务做作业时段）禁忌

1. 缺少学生可自由支配的公共自习时间。

2. 学生把自习与做作业画等号，作业做完，就没事干了。

3. 自习顺序不科学、不合理，未按照"整理课堂笔记—做作业—预习—课外阅读（写日记）"依次进行。

4. 没有分区上自习，效率较低。

5. 未设置分层作业，作业一刀切。

6. 教师自己面批作业，学生排长队等待，时间白白浪费。

7. 自习变成了教师讲课、讲练习册。

8. 不看书、不看笔记裸做作业，简单把书上答案搬到练习册上，毫无思考和回忆。

三、复习课禁忌

1. "炒冷饭"，教师快速把自认为是重点的知识重讲一遍。

2. 把复习课当练习课上。教师一味地讲解练习题，学生一味地做练习题，忽视了复习课要沟通知识内在联系、温故知新和融会贯通的本质定位。

3. 忽视学生对单元知识的个性化梳理、整理，教师直接呈现自己对知识精致整理的结果，如图表、思维导图。学生缺少自我查漏补缺、个性化建构知识体系的过程。

4. 教师自身综合能力提升、拔高不到位，选题缺少梯度。

5. 定位不清，看不出课堂侧重点是知识拓展深化、知识梳理，还是专项技能提升。

6. 对于易错点、易混点、重难点、常见考点点拨不到位。

7. 作业设计没有与复习目标照应。

8. 缺少学生整理的单元思维导图的分享交流及补充完善。

四、练习课禁忌

1. 练习课前半节对学过的概念公式重新推导，而不是放在理解记忆上。

2. 缺少练习题精选意识，练习课成了"习题开会"，课堂练习品质较低。

3. 重习题答案的呈现，轻解题方法的提炼。习题是孤立零散的，缺少题组训练、一题多解多变、多题归一意识，没有达到概括、提炼方法的高阶设计。

4. 合作讨论流于形式，局限于对对答案、抄抄答案、凑凑答案，组长发展了，全体组员没提升。

5. 简单题、复杂题学习，详略、主次不分，平均用力，导致"会的仍然会，不会的仍然不会"的无效、低效现实。

6. 熟能生厌、生烦。为练而练，练习课成了机械模仿能力训练营，学生成了被动做题机器。

7. 四例（范例、同题、变例、仿例）、四维（正向、逆向、特殊、综合）备课时没有落实好。

8. 缺少让学生自己创编题自解或互练的高能训练。

五、试卷讲评课禁忌

1. 没有采取柱状统计图、统计表通报考试情况，违反五项规定，直接公布学生分数。

2. 把试卷讲评课上成了"牢骚课",不停地批评学生这也做错那也做错,即缺少激励性评价。越嫌学困生丢人,学困生越对学科不感兴趣,越不学,成绩越差,导致恶性循环。

3. 把试卷讲评课上成了"一言堂",自己从头讲到尾,一讲到底,也不管学生是否认真参与,是否听得明白。

4. 试卷讲评课上成了逐题"对答案"的课,师说生写,认为答案告诉学生了,就万事大吉了,学生一定能掌握。若对答案,不如把答案发给学生更快捷。

5. 没有分类意识,教学线索没有依照"要么依据学生错题原因,要么依据学生知识点漏洞"设计,课堂就像散落的珍珠缺少串珠线不能串成项链。

6. 教师改卷缺少对错题统计分析意识,没有采取分类处理的策略:简单题让学生课前自主订正,中等难度题让学生互相讨论、寻求帮助订正,重点题师讲点拨订正。

7. 缺少概括、拓展、提升意识,就题论题,不能从一道题概括出这一类题的解题思路、方法。

8. 对重点压轴题,没有采取教师讲一遍,优等生再讲一遍,学困生复述一遍或同桌互说一遍理解、消化的策略。

9. 缺少追踪纠错,没有让学生对错题进行同类巩固强化或讲给别人听。

10. 没有提醒学生对蒙对的题进行订正。

11. 没有让学生对本次考试得失进行考后专题反思——考后小结。

12. 要求学困生将所有错题抄到纠错本上进行六步纠错。

13. 优秀生在试卷讲评课上出现陪学现象,一节课没有一点收获。

14. 讲评试卷时,学生一味抄黑板上的答案,没有认真听,导致回看试卷时,学生还不会。

良药苦口利于病,忠言逆耳利于行。上述五大课型的四十六条禁忌,也可看作负面清单,请一线教师逐条核对,自我评判。只有清楚课上的禁忌,注意禁忌,才能减少禁忌的副作用,取得较好的学习效果。

上公开课时这十个"雷"不能踩

公开课是教师"课能"的重要体现，是评各级名师、学科骨干教师、学科带头人的重要依据，也是职评考核的重要指标。笔者通过日常调查研究归纳、提炼了上公开课需要躲避的十个雷区，希望能对青年教师专业提升有所启迪、帮助。

一、缺即兴导语，课始师生情感关联度不够

课堂首先是个情感场，然后才能建立互动交流的教学场。公开课多是借班上课，一些执教教师忽视了师生彼此陌生这个真实场景，没有创设拉近师生情感、消除学生紧张感的即兴导语，而是按部就班地参照师生彼此熟识的课堂场景的导语导入新课。因学生对教师教学风格、课堂流程、教学评价不熟悉，再加上公开课上学生心理上比较紧张，大多放不开，造成课的前半段比较沉闷，双方默契度不够，影响课堂进程及效果。

二、缺主干问题、框架问题、核心问题、旁问题设计，问题无思维含量，深度学习、高阶思维没有产生

问题多是教师预设的，缺少学生提出的有价值的问题；缺少有挑战性的问题，更不要说创设真实情境，让学生从中发现问题。有的一节课尽是些碎片化问题，缺少有大概念统领的主干问题，即主干问题、分支问题不清晰；有的一节课中是有大问题，但问题缺少分解，学生无从下手；还有的所设计的问题多属于浅层次低阶思维问题，问题与问题之间缺少关联，并且没有构建问题之间的关联系统，也没有搭建相对应的解决问题的脚手架、学习策略、课程资源。一节课下来，几乎是教师牵着学生的鼻子走，学生不明晰为什么要解决这些问题，要解决这个问题，首先要解决哪个问题，也没思索解决问题的策略，也就是说高阶思维、深度学习没有发生，更没有思维冲刺时刻。

三、课堂设计内容太满，缺少减法思维，导致上的是半截课

因上公开课前执教教师多翻阅大量资料，甚至借鉴名师精彩设计，再加上试教，同行又提出许多建设性建议，故多遵循的是加法思维。这样生成的课难免繁复，课上不完也在预料之中，半截课自然就产生了，那么如何为课减重？不妨进行如下三问：哪些内容没必要，要忍痛割舍？哪些内容需要瘦身？哪些内容需要整合？

四、课堂推进"前松后紧"，到关键、重点问题时因时间不够不得不一点带过

课堂推进前松后紧现象非常普遍。导语过长，侵占课堂黄金学习期；较简单问题，学习活动设计高配，自学会的还要讨论，讨论会的

还要展示、反馈，即学生一看就会的较浅显问题反复学；到多数学生不能独立解决，需要合作、点拨的问题时，时间却不多啦，为了保证课堂完整性，只好快速翻课件，一点带过。用学生的话来说："会的重复，不会的没有学。"

五、预设过度，缺少精彩的生成，课堂无让人眼前一亮的典型细节

有些课打眼一看就知道提前上过或告知过学生一些较难问题的答案，推进过于顺畅，课堂波澜不惊，学生眼神、表情是麻木的，无一点新鲜感、兴奋感。

学习内容不多也不难，因过度预习学习内容一览无遗，进而使课堂成为再次嚼馍的过程，假合作、无效展示的虚假学习充盈。

学生在解决问题过程中遇到了困惑、思维障碍，要么学习卡提示过细，要么过早介入，要么谆谆诱导，唯恐学生犯错、学不会。学生思维受限，没有顿悟机会，思维深刻性、创新性不能实现能级跃迁，缺少颠覆性创新思维培养生态场，造成学生没有完整经历解决问题链条。

课堂上片面放大、强化直观性动手实践，忽视了抽象性的想象与逻辑思维推演，影响、阻碍了学生高阶思维能力锻炼提升。

学习历程高速滑行。教师将注意力集中在教学内容的完成度与完整性上，具体表现在两个方面：一是教学内容高度压缩，二是课堂高速、平顺地线性滑行。这与缓慢而复杂的学生学习历程之间存在巨大落差，课堂难以编织成一张真实的原生态的学习探究之网。

六、问题之球只在师生之间传递,缺少生生互动;重展示,缺少交互式反馈,合作形式单一,效能达成度低

许多课堂过于追求"表现",学生展示时载歌载舞、精彩纷呈,但展示的内容却浮于表面,缺乏深入的思考,更缺乏思维层面的深度发掘。

展示仅仅是思维暴露,争辩交互式反馈才是合作课堂需要放大的地方。它可以帮助学生实现对问题的再思考、对内容的再丰富、对知识的再加工、对过程的再论证。

课堂上多是教师问学生答,问题之球只在师生之间传递,缺少生生精彩深度互动,即没有创设质疑辩论交锋、碰撞环境场,让多方高质量互动产生。对此,可通过以下几点尝试改进:当学生回答正确时追问,让学生深入思考;也可问另外一个学生他是否同意第一个学生的观点以及理由;当回答不完整时,问学生如此思考的原因;当回答不正确时,予以提示,让学生能得出正确的答案;质疑与被质疑的学生可以辩论;咀嚼、品思答案及思维过程。

七、缺少系统、整体思维,学习目标、学习内容、学习评价不一致

有的学习目标有三条,而内容只有两部分,比如,目标中写有"正确、流利、有感情地朗读课文",但教学过程中,课文学生没有完整读过一遍。

有的目标只有两条,但所学内容有三点,即目标少,内容多,这也属不照应。

但更多的是,达标检测题与学习目标、学习内容不匹配。尤其是

语文、英语学科，参赛教师安排的检测题与授课内容关联性不强，有的理科教师所设计的练习题对某一目标多次、多元检测，对有的目标则没有覆盖。

八、鼓励学生快速举手，导致学生答案肤浅、片面；评价标准、内容模糊，贴标签式夸大赞美，课堂出现赞美疲劳、廉价掌声，被动掌声过多

课堂上鼓励学生快速举手，影响其他学生思考，甚至引发学生不假思索全举手怪象。

一味鼓励快速举手，必定造成思维全面性、深刻性不足。实践证明，快速举手的学生，答案多是肤浅的、片面的、不完整的。若提出问题大多数学生都会，说明问题无价值或无挑战性。

建议：引导学生思考成熟后再举手。课堂上可反复追问：你思考成熟了吗？你的答案完整吗？你的答案深刻吗？还有别的答案吗？

以下几点教师要明晰：模糊评价，让孩子不知好在什么地方，不可取；不是评价孩子的努力程度，而是评价聪明，扼杀孩子的主动成长；廉价掌声让孩子患上赞美疲劳症，起不到应有的激励作用……

九、把文学语言转化为直白、单一的形象画面；用音频代替教师范读；无板书，或板书不规范，缺少板书设计

文学语言有一种意境美、建构美，一千个读者就有一千个哈姆雷特，每个人心目中都有一个林黛玉形象，若用画面呈现，反而直白、单一，故要慎重。

因使用课件，有的教师一节课黑板上没写一个字；有的教师，用放课件代替解题过程；有的教师手没举过头顶或侧身写，导致学生看不到书写笔顺；更多是缺少板书设计意识，随写随擦，无一点章法，更不要说成就一幅作品。

课件不能代替板书设计；音频朗读不能代替教师范读。教师粉笔字、简笔画、板书设计、朗读能力等基本功不能削弱，只能加强。

十、教师潜意识的举动让学生感知到答案正误和对某答案的重视程度

比如教师每每遇到学生答案不正确时，若总是说"还有别的答案吗？"学生就会感知到答案是错误的。类似情况还有：每当学生回答错误时，总是说"你敢肯定吗"，或眉头紧蹙、撇嘴，若出现正确答案时，则眉头舒展、微笑、点头。又比如对于学生答案，若不正确，不板书，相反，则立马板书在黑板上。学生一观察就知道回答是否正确或是不是教师想要的答案，可见这些潜意识的举动对学生的思考甚至价值观会带来潜移默化的负面影响。

为此教师要有意识地做出改变，避免课堂上学生回答问题时一味揣摩教师想要的答案，鼓励他们多元思考，说出自己的真实想法。

以上是对公开课硬伤的诊断与分析，希一线教师有则改之，无则加勉。

示范课是怎么打磨出来的

示范课多是"时装",多具备前卫、时尚等前瞻性特点;示范课多承担向同行展示自己的教育理念、教学模式的任务,因此需要精心准备、反复打磨,以便更好地呈现并取得预期示范效果。那么,如何打磨一节示范课?不妨从以下九个打磨点着手。

打磨点之一:思上课的立意

与文章一样,课的好坏首先取决于它的立意、品位。从立意定位是教师教会,是学生学会,还是引导学生会学,便可立分高下。讲会的课定位于教师讲得清清楚楚、明明白白,学生听懂了,会模仿做题;学会的课定位于教师提出问题,引导学生自主、合作、探究,找到、发现方法、规律;会学的课定位于教师创设真实问题情境,学生自己发现问题、提出问题、分析问题、解决问题,在此过程中学生思维生长、素养提升。

打磨点之二：体学习目标层级

学习目标是一节课的灵魂，是一节课的牛鼻子。学习目标同样也存在定位：是立足于双基，是遵循三维目标，还是依照核心素养发展要求？是定得过高、过低，还是在学生最近发展区？教学目标转化为学习目标了吗？目标科学、适度、具体、可测、分层、可操作吗？全部是预设目标，还是有动态生成的目标？是重目标设计还是目标达成？

打磨点之三：谋问题系统

问题是学习母机，问题是优质课堂心脏。问题设计是实施深度学习的前提，只有高品位、有探究价值、有张力的问题才能产生高阶思维，才能让深度学习发生。

首先，请反思如下问题设计的误区：把习题当成问题；问题浅层次、封闭、思维空间小，缺少合作探究的必要；问题碎片化，缺少主干问题；问题随意化，缺少课标单元问题意识；只关注、研究预设问题，忽视、淡化生成问题的解决；问题全部是由教师提出的，很少关注或给机会让学生提出问题；问题缺少层级、梯度；缺少追问、关联，让学生产生新问题；缺少引导学生构建相关联的问题系统，学生对问题解决过程与方法缺少系统思考；问题解决后缺少引导学生对解决问题的思维、方法、过程进行梳理、反思，不利于学生元认知技能的改善与提升。

其次，增加问题提出与归类优化环节，让学生经历真实的提取有效信息、抽象、建模的项目学习，让学生学会问题归类、合并，能找出核心问题、主干问题。

再次，明确主干问题，问题层级、关系，搭建学习脚手架，构建问题系统，实施问题化教学。

最后，"变教师设问启发学生思考为让学生自己提出问题"，解决"让学习主动发生"的问题；"变教师组织问题推进为培养学生自主建构问题系统"，解决"让学习深度发生"的问题；"变教师追问为培养学生相互追问、自我追问"，解决"让学习持续发生"的问题。学生在追问中深度建构问题系统，从而发现学习路径，精致认知结构，发展学科思维，实现动机系统、元认知系统、认知系统的综合发展。

打磨点之四：创学习设计

变教学设计为学程设计，把学程设计拓展到学习设计。

专家认为，影响学习素养在课堂教学中转化的三个要素，分别指向：知识在情境中的意义化；学习中促进社会性参与的规则变化；运用工具来促进所学内容和思维的外显化。这就要求变学程设计为学习设计：将知识放还到情境意义脉络中体现知识意义化的情境设计；学习中促进社会性参与的规则设计；提供内容、思维外显化载体的工具的设计。当然也要思考嵌入性与终结性量规、量表的评价设计。

打磨点之五：品课件、学案、作业设计

课件、学案要打磨，要精致、瘦身，要思考对助学有多大作用，

切记：课件、学案是教学辅助工具，教学不是播放课件、讲解学案。

要避免穿着马甲的灌输变种发生：从过去口头讲解灌变成纸质导学案灌，从照本宣科变成照屏宣科，从过去的线下"人工灌"变成线上微视频的"机灌"。

教师要学会试题设计，从作业布置走向作业设计。要减少机械性死记硬背的题，增加开放性、探究性题目。

落实作业七变：作业变作品，刷题变解决问题，设计作业变设计作业体系，碎片化作业变周作业群，教学视角作业变教育视角作业，传统"狂轰滥炸型作业"变"精确打击型作业"，预设作业变动态生成作业。

打磨点之六：重合作学习效率

重点思考：安排的合作学习环节真有必要吗？合作学习方式是有针对性的科学选择吗？高行为活动与高认知活动兼容吗？

过度合作，应试性合作，教学性合作，无需求的"被"合作，缺少合作资本、资源、平台的拉郎配的浅表层合作，等等，已成为一种"合作痛"。

实际教学中，这些行为要避免：重合作形式，轻合作内容、效果；重表达，轻倾听；重前期分工各自完成片段学习，轻最后系统化串联提升学习；重合作"为了达成共识"，轻"为了发现不同"。

要知道不是所有内容都适合合作学习，需要选择适宜的有探究张力的合作学习任务：（1）能激发探究的欲望，即问题能引起学生的认知冲突；（2）有探究价值，即这一任务学生不能马上解决，具有一定的挑战性；（3）有解决的可能，即学生个体能有一些粗浅的想法，可以起步，通过群体的努力基本能够获得问题的解决；（4）有合作的必要，即必须经过交流、争议、思维碰撞和相互接纳，才能使解决问题的思路和策略明确化与合理化；（5）有交流的必要，即具有多样的解决方式，能引起学生对于问题多样的表述和交流；（6）有用语言交流的可能，有利于用语言进行表述、交流，不能"只可意会，不可言传"。

还要明确适宜中小学生合作学习的内容：（1）一个人独立完不成，必须小组合作观察、实验、活动的；（2）同一性质多项内容或同一问题的多个侧面，为了节省时间，为了资源共享，可以采取分工协作形式；（3）当问题可能有多元答案、多元解读时；（4）对某个答案、观点有质疑争论时；（5）面对新问题、新情况一时束手无策时；（6）问题解决需要创新思维时等。

不需要合作学习的情况有：书上有现成答案的；答案简单、唯一的；学生能自主完成的；学生合作也不能解决的。

依据学科、学段、内容科学选择合作学习策略，如：同伴互助学习法；结对反馈法；三步采访法；限制发言法（《发言卡》、复述通行证）；协作互助法（二次分组、切块拼接）；跨组反馈法（组际评价）；循环交流（内外圈）；跨组二次交流（一人走，三人留）；自由碰撞法（世界咖啡）。

关注合作学习效果达成。合作学习后产生了 N+1 个观点；有新作品，有新成果。要细化、思考问题层级，与合作学习策略有效匹配，不低配也不高配。

打磨点之七：重预设与应对

从回答走向回应，构建科学回应链；变顺着教师思路走的固定教学案为顺着学生思路走的动态预设生成案。

学生回答、理解、思路、思维有误时，务必要顺着学生思路，引导其思维生长顿悟，而不是把学生硬拉到教师思路上来。

教案要重点备学生回应问题的应对预案。正确答案是什么？学生对问题的回答、解决可能出现哪些错误？应对提示、引导策略是什么？若回答正确，对这个问题要追问什么、拓展什么？

打磨点之八：虑教学评一致性

教学设计是否遵循如下逆向设计：明确预期学习结果，即预想结果；确定能证明学生达到预期学习结果的证据，即评估证据；安排相关的教学活动，即确定教学计划。

关注学生认知规律，特别重视目标、学习流程、评价任务一致性。

要求教师备课后要三思。一思：流程设计是只关注知识结构，还是转化为了符合学生的认知结构？二思：流程设计与目标照应吗？存不存在目标中有但流程设计无体现现象？存不存在流程设计中有但不能体现目标的内容？三思：评价任务（即练习设计）与目标照应吗？能指出每个题是评价的哪个目标吗？

更高层次思考：可否不以一节正课为学习单位，尝试打通课内与课外作业来学习呢？课内是在教师引导下合作学习，是解决学生不能独立解决的问题；课外做作业是自主学习，可以把一些可独立完成的任务、深度探究的内容用作业形式去呈现、处理。做作业不仅仅是诊断、巩固，也是正课学习的延续，这种打通的大学习认知十分符合双减新要求。

打磨点之九：变课堂小结为课堂整理

课堂小结存在弊端：多是教师去总结；多用语言或文字板书去小结；多从知识单一角度去小结；学生只是听，缺少书面小结。

倡导的课堂整理理念及视角：从教师自己小结走向引导学生自主整理；从仅用语言小结走向借助思维导图等学习工具进行全脑参与的高效整理；从单一对知识小结，走向知识、思维、元认知三个维度的全面梳理，尤其关注对自我系统、元认知系统、认知系统启动运行的反思，比如学科规律、工具使用等；从课堂上仅说出来，走向课后还要用学科日记等形式写下来，甚至晚上就寝前用冥想方法，变短暂记忆为存盘性质的永久记忆。

概括起来说，课堂整理整理什么？整理物品，整理情绪，整理知识，整理思维（方法），整理问题，整理关系及元认知。

学生作业管理三十条

本着减负、提质、高效的出发点,在学习、调研、反思基础上,笔者所在的郑州晨钟教科所拟定了《学生作业管理三十条》,旨在夯实三个链环,让作业管理有据可依。

环节之一:作业设计精准

依据刻意练习法与后刻意练习法,推出作业精准设置十原则:

(1)推出在学生舒适区外的有点挑战性作业。若布置的作业百分之九十的学生全对,表明本次作业是低效甚至是无效的。

(2)针对课堂诊断采取以错误为中心的练习设计,不一定整体步骤全写,要突出核心环节突破。

(3)练习册给学生选择权,一看就会的可以不做,看都看不懂或一点思路也没有的可以不做,即读完题解题思路清楚、有把握的题不做,而思路不清、没有把握的题要好好做。

(4)若分层设计作业,务必做到学困生与优秀生做作业时间一样长,即学困生基础题设计多道,优秀生每个类型设计一道。

(5) 语文、英语生字词抄写作业单调、机械,要加入有思维含量的变换因素。采取生字词"黑名单"制,允许学生会的不写,把训练重点放在个人不会的,练的都是自己不会的。

(6) 推出作业纸,尽量避免抄题时间比做题时间还要长,即减少做作业无效时长。

(7) 作业训练重点要与考试分值、题型匹配。比如语文教师多布置生字词作业,对于阅读、写作平时训练较少,而后者考试时占分较多,这就是练习投入与试题不匹配。

(8) 减少考查死知识、固定答案的作业,增加考查大概念迁移运用、答案开放性的作业。

(9) 依据后刻意练习原理,增加使知识存储得更牢固的间隔练习,有助于长期记忆的穿插练习,促进知识活学活用的多样化练习,带来成长思维的组合练习作业。

(10) 可适当添加周期长、探究性的实践作业、项目作业、跨学科作业。

环节之二:作业过程规范、科学、高效

(1) 先整理笔记、复习消化课堂所学后再做作业。

(2) 做家庭作业前要把准备工作做好,开始做作业后不能再随便起身,务必要专注,注意力高度集中。

(3) 做作业时不准翻看书本、笔记,即不参考任何资料裸做,实在不会的再问别人、翻看资料、看答案,搞懂后再写下来,但必须标

注进行消化巩固。

（4）审题可视化，标注关键信息；符号、图形结合减轻大脑记忆负荷；注重多元表征，寻找信息关联。

（5）做作业时要规范书写，注意格式步骤，尤其要养成规范使用演草纸习惯，便于事后利用演草纸快速检查。

（6）要养成做完后先检查再上交习惯，即把检查当成做作业必备环节。

（7）要限时完成作业。每次要与规定时间进行比对，明晰是超时还是准时、省时，联系训练重点是速度还是准确度进行综合评判。

（8）有多科作业时，若精力充沛先完成有难度的学科作业；文理科也可交叉进行。

（9）对于小学生能在教师眼皮底下独立完成效果更好。

（10）可依方法、难度、题量分区做作业，优秀生必须独立完成，中等生可合作讨论完成，学困生可在指导下完成。

环节之三：及时反馈、强化训练、科学考核

（1）当堂练习时，教师拿红笔走动批改、指正，及时有效反馈效果最好。

（2）若学生对教师恐惧，面批作业反而效果不好；学生之间互批或小组长批，存在人情、误判、尺度不统一问题。

（3）错题要及时规范订正。规范指判断、填空、选择这些小题当成大题订正，要有步骤；蒙对的题也要订正，用红笔去订正，不准用橡皮把错题擦掉，在原题旁边订正。

（4）对重点错题要找出错因及该题涉及的知识点，规范订正后要找同类题巩固。让学生把错题订正后给同伴讲两遍效果也不错。

（5）重要有代表性的错题可抄在纠错本上，进行"1371"四次消化，即当天看一遍，第三天看一遍，第七天看一遍，一个月后再看一遍。

（6）作业批改要从综合评价变为分维度评价，可从做作业的态度、规范度、准确度、创新度等维度进行评价。若再加一句中肯的激励性评语效果更好。

（7）对于学困生，辅导后再做，比批改后再辅导效果要好。

（8）检查教师批改作业工作时，可采取过程性评价和效果性评价相结合的办法，即不只看次数是否达标、是否全批全改、是否及时、学生书写是否规范、错题是否订正这些过程性指标，更要看做作业的目的、效果是否达到。可用作业原题抽测班级学生，考得好就是效果好，考得差表明目的没达到。

（9）对学生作业评价要构建日、周、月、期累积式评价链条，实现 $1+1>2$ 的累积效应。优秀作业不是评出来的，是考核出来的。学校、教师可对优秀作业收藏，并给学生颁发收藏证书。

（10）对学生小课题性作业可进行年级、班级展示，也可进行成果专题汇报，对"五小"科技创新作业可选报参评。

深化、推进学校课外阅读工作二十二条

一、关注学校大阅读的迭代升级。从文学阅读走向全学科阅读、全素养阅读，从狭窄的阅读空间走向宽广的阅读世界，从浅层阅读走向深度阅读，从体验走向明理、修身。阅读书籍，阅读自己，阅读他人，阅读世界，让孩子们收获"大阅读"课程的成果：阅读成为学生的学习方式——学会体验，学会思考，学会分享，学会创造；阅读成为学生的生活方式——学会与书交往，学会与人交往，学会与社会交往。

二、重视阅读兴趣培养。着眼课内激发兴趣，延伸课外培养兴趣，开展活动提高兴趣；遵循阅读的基本规律，倡导快乐阅读、超功利性阅读，保持兴趣；营造阅读氛围，构建阅读情感场，增加兴趣；教师采用"展示图片、设计幽默、制造悬念、抖出包袱、赏析片段"等形式向学生精心推荐读物，诱发兴趣；以教师读书的兴趣影响学生读书的兴趣；办读书节、多角度展示阅读成果，让学生感悟到读书的乐趣；尝试师生同读、亲子阅读、图书漂流、奖赏阅读、帮弟弟妹妹读本书等新的读书形式，巩固学生的读书兴趣；整理《读书成长手册》，让学生体会到读书的意趣；在诱导学生确立正确的阅读态度、阅读动机，养成良好的阅读习惯、读书品质，掌握科学的阅读方法的基础上，使学生读书的动机尽量实现从外驱到内驱的转变，同时也引导学生读书的兴趣因循"兴趣——乐趣——意趣——志趣"的层次逐步提高。

三、创设浓厚的校园阅读氛围。悬挂学生读书宣言、读书名言录、读书明星榜、阅读书目龙虎榜、读书成果展示窗等完善阅读的环境文化；构建"校园最美身影是读书，读书的学生最快乐，读书的学生最幸福，读书是高雅的事情"的舆论氛围，重塑阅读的精神文化，在孩子们的心田播下"与书为友、与书为伴，品味书香，成就人生"的种子；改变阅读的服务文化为整合阅读资源，充实、更新图书馆存书，建设班级图书角、校园图书超市，进而感染学生读书；表彰喜欢读书的学生，影响尚未进入状态的学生；创设阅读的环境场、时间场，废除一些不必要的考试，减少一些学科书面作业，统筹协调各类活动，减轻学生的课业负担、心理负担，给学生提供充足的自由阅读时间；提倡快乐阅读、超功利性阅读，让课外阅读课外些，再课外些。

四、增加课外阅读链条的长度、宽度、厚度。课外阅读链条为：早上十分钟古诗词诵读，中午二十分钟国学经典学习，下午二十分钟读报，晚上三十分钟观看《新闻联播》；每周语文课拿出一节让学生同读一本书（书籍经过选择，人手一册，教师精心设计导读提纲）；每节语文课拿出三至五分钟时间进行美文欣赏；课前、饭后课外活动时间以年级为单位循环让学生到图书室自由阅读；双周到多媒体教室进行网络阅读，课外阅读交流课（展示、汇报）、社会信息交流课各一节；周末每天阅读不少于四十五分钟，寒暑假定为学生整本书阅读的黄金期。

五、破解读整本书时间从哪里来的问题。取消假期作业，利用周末、寒暑假黄金阅读期让学生带着导读提纲进行整本书阅读，返校后进行深度交流，读写结合拓展，实现课外阅读翻转。把研学旅行、考察风土人情等读自然、读社会这本大书也纳入阅读范畴。

六、探索课外阅读指导课五种新形态。混龄阅读：让不同年级的孩子在同一教室里同读一本书，然后彼此分享阅读收获。翻转阅读：先让学生看一部名著改编影视作品片段，后问学生"你认为编剧尊重原著吗？演员塑造好人物形象了吗？"（从原著中找依据）互为解读阅读：对同一主题，如节俭，可让孩子有意识地整理古诗中的句子、国学名篇中的句子、成语、名言警句等；在指导阅读时不解释本句（段）意思，而是说相同主题的其他表达方式。如此，学生领悟了内容，也学会了多元表达。重读：随着年龄增长、心智成熟、审美体验积淀，理解与欣赏能力也会发生变化，重读读过的童话故事、名著等，定会发现新的风景，有与先前不同的新的收获、感悟。屏读：信息时代"e读写"是一个新概念，与传统纸笔时代读写形式、风格、内容明显不同，它广泛运用于微信、微博、短视频等新媒体，包括微电影、微广告等新文体，它是语音、文字、图片、动画、背景等多元素杂交的屏读、屏写。屏读时代e读写理应纳入语文读写学习范畴。

七、对图书馆功能重新定位。让图书馆成为校园最美、最温暖的地方，让图书馆成为老师和同学们来了可以待上一整天的地方，让图书馆成为每个人青少年时代留下最美好回忆的地方，让图书管理员成为校园里最受尊敬的人。改造图书馆，让它成为课题研究、小型学术沙龙、跨学科整合、学科综合实践活动的综合场所。

八、倡导全员、全学科、全学期"三全"读书，打造全学科阅读新特色、新亮点。阅读环境（心境）的营造、阅读走心仪式的打造、阅读任务的设计、阅读策略的引导，四者协同发力帮助孩子有兴趣地"读起来"，有计划地"读下去"，有目标地"读进去"，有感受地"读出来"。

九、在研读语文核心素养要求、新课标、新教材基础上，围绕阅读氛围创设、阅读目标明确、阅读兴趣培养、阅读习惯养成、阅读方法确立、阅读书籍选择、阅读量分解、阅读效果评价等细分课标对课外阅读的要求，修订、编制核心素养背景下学校课外阅读指导纲要。

十、筹设分级阅读资源库，编制导读提纲。在专家推荐及实践基础上，构建学校必读书目、选读书目尤其是同读一本书书目动态资源库，在此基础上，组织骨干教师编写与完善绘本、寓言故事、传记、经典名著、科幻等类型的同读一本书的导读提纲。

十一、使用好《学生读书成长手册》。围绕阅读成果可视化，指导优秀学生创写《学生读书成长手册》，同时举办优秀毕业生三至六年级八本成长手册展览。

十二、重视课内外阅读衔接，重视读写建模。尤其是在课内群文阅读、单元主题阅读、读写一体化、学科日记、观察报告单、课题报告撰写等方面，取得突破。借助协作、共享在经典诵读课程、小古文入门课程开发方面取得成效。

十三、提高阅读交流成效。探索时政新闻交流课、读书汇报交流课、故事汇模式创新，通过信息分享单、跨班交流、跨级交流来提高交流成效。

十四、深化两项写作工程。持续做好借助手机语音转换日记、构建听说读写能力新架构（听、述、讲、创、演）这两项写作工程，总结经验，力争实现常态化。

十五、阅读课题立项研究。加强对全学科阅读的研究，尤其是非语文学科阅读书目推荐、导读方面，要开展试点，取得经验后全面推广。

十六、将课外阅读纳入评价体系，语文占三十分，其他学科占十五分，要对学生阅读速度与质量进行系统考评，在此基础上建立班级阅读档案。

十七、重视阅读成果可视化。办好并出版发行月度《读写指导资源报》，举办有创意的动态读书节，鼓励学生将自己的日记、作文、读书心得、事件评论、创编故事等汇编成书。

十八、举办学生读书论坛。围绕汉字故事、成语故事、自然科学知识、名画、名曲、名著等的赏析定期举办"师生读书百科知识论坛"。

十九、坚持家庭阅读环境营造。继续开展家庭小书房（小书角）、书香家庭评选表彰工作，借助亲子百科知识竞赛、亲子共读写深化书香家庭建设。

二十、重视阅读评价新形式探索。充分发挥阅读存折、阅读考级、星级评价、年度阅读人物评选、读书三学士评选、文学院小作家纳新等评价导向作用，让阅读内化为学生的自觉行为。

二十一、关注教师团体阅读。成立不同层级的教师读书会组织，借助拆读、共读、交流来营造教师深度阅读氛围。

二十二、做好高效读写成果推广工作。定期邀请专家进校专项指导,派出骨干教师参与相关学术研讨会,借此为阅读课程化提供理论技术支撑。

附:

学校(班级)真重视课外阅读吗?用下列试题测一测,每一个维度十分,看得多少分。

1. 你正在实施的是古诗词、国学经典诵读吗?是语文阅读(文学阅读)吗?是全学科阅读吗?是解决问题(小课题)项目(素养)阅读吗?阅读目标又是怎么定位的?

2. 依据课标要求,围绕阅读兴趣、习惯、方法、书目、数量、质量、评价系统等,制定具有课标性质的《学校(班级)课外阅读实施纲要》了吗?

3. 学科尤其是语文进行单元整合或群文阅读了吗?课内阅读与课外阅读进行有效衔接整合了吗?课外阅读纳入课时管理了吗?实现课外阅读课程化了吗?屏读也纳入引导、指导范畴了吗?教师对整本书阅读任务群要求知多少?

4. 对学生阅读速度与质量进行专项训练了吗?学生阅读平均每分钟多少字?有多少人高于同龄学生?学生阅读量达多少万字,是课标规定的几倍?学生摘录与写作量又是多少?

5. 学校(班级)对学生阅读能力进行科学测评了吗?实施分层或分级阅读了吗?学校实施阅读、写作考级了吗?学生阅读效果如何彰显?

6. 教师指导或学生已基本掌握自由阅读选书原则了吗?学生阅读视野(阅读面)如何?跳出阅读同一类同一层次而选择具有适当挑战

性阅读的学生占比多少？

7. 学校"同读一本书"，构成年级、学段系列了吗？同读书目选书依据、标准是什么？咨询过专家吗？

8. 教师对共读书设计导读提纲了吗？绘本、故事、历史、传记、科学类导读提纲设计有什么不同？班级定期开展读书交流分享会了吗？

9. 学校有阅览室、图书馆吗？有专职读书管理员吗？全天候开放吗？图书馆离教学楼有多远？每期添置新书多少册？学生阅读的图书是怎么解决的？每学期或学年举办读书节吗？尝试举办过循环读书节吗？开展过班级或校级图书漂流吗？寒暑假这个黄金阅读期是怎么利用的？成效怎样？坚持开展亲子共读了吗？要求家长为孩子提供小书房（小书角）了吗？达标的占多少？年年期期开展书香班级、书香家庭评选了吗？

10. 教师购书有补助吗？教师有读书时间吗？学校有教师阅读中心吗？学校有自发成立的教师读书会吗？读书会经常开展拆读、共读读书活动吗？定期举办读书论坛、读书报告会吗？

用"异"去化解"差"

把"差异"这个词拆分成"差"和"异",其对应词为"好"和"同",因"同"而"差",因"异"而"好"。

一、追求"同",忽视"异",而导致"差"

过去,统一实施"组织教学—复习旧知—讲授新课—复习总结—布置作业"的五环节讲授法,学生被动学习,一些学生由于不适应,而成为学习差生;同样,新课改以来,一些学校推行学、展、点、结、测为核心环节的合作探究学习模式,也因一些学生不适应,造成新一轮学习上的差生。可见,趋"同"教学效率高,学习效率不一定高,会造成一批学生"差"。

忽视学生智能的多元,不能调动学生优势智能去学习、练习,也会造成学生学习成绩的差;忽视学生学习方式差异,还会造成一些学生成绩差;当然,忽视学生记忆、提取知识方式差异,也会造成一些学生成绩差。

总而言之,一句话,因追求"同",忽视"异",而导致"差"

产生。

二、摒弃"同学习",追求"异学习",去化解差

"异教学""异学习"体现在什么地方?

目标异。变统一目标为分基础目标、核心目标、拓展目标,分层设置,分层达标;变统一制定为自我选择。

学习路径异。变阶梯型学习为登山型学习,阶梯型学习要求学生齐步走,但登山型学习让学生通过多个途径到达目的地,改变通过单一路径达到教学目标的做法。

学习方法异。在学习目标、研究问题确定后,打破同一时段全班或小组整齐划一地学习同一内容的单一学习方式,让学生选择适合自己的学习方式:以目标、结果为导向,学生可自学,可小组讨论,可求助,可以观看网络视频、微课等。适合学生的就是最好的,也是高效的。

学习设计异。同样的问题,面对学困生采用"结构化探究",即提出一个问题,并给出解决方法,但让他们自己寻找答案;面对中等生,采用"引导式探究",即只是提出一个问题,让孩子自己寻找方法以获得解决问题的方案;面对优秀生,采用"开放式探究",即什么都不提供,不提供问题、方法或答案,让孩子自己设计方案。

练习、训练异。问题设计、呈现方式照顾学生智能异、刻意训练点选择考虑异、学能训练异。

当然还有学习场景异、学习时长异、单科独进与齐头并进的异等,道尔顿制学习是很好的参照。

从单一性同步学习到跨界异步混合性学习,私人定制学习,让学生选择适合自己的学习方式、形态；从内容、目标的同步学习到异步学习；从被动统一学习到个性化主动选择学习；从单一场景学习到混合学习、跨界融合学习。这些都遵循"异教学"原则，旨在借"异"化解"差"。

可见，从"同教学""同学习"到实现以每个学生为本的私人定制的个性化学习，即"异教学""异学习"，会减少、消弭学生学习的差。

总之，因"同"而"差"是一种客观存在，因"异"而"好"是一种新设想，用"异"去化解"差"是一种好思路，值得探索、实践。

提高记忆、背诵效果的八个细节

记忆 = 记 + 忆。记与忆有什么区别,记忆分哪些类型?各有什么特点?睡眠、体育锻炼与记忆有什么关系?能帮助快速记忆的方法有哪些?背书时记与忆比例如何分配最科学?这些问题你和你的学生思考过吗?

本文旨在引导教师对提高记忆、背诵效果的八个细节予以关注。

> **细节1:学生明白要背诵的篇章、段落的意义、价值吗?真有背诵的必要吗?**

学生知道背诵本文、本段的意义与价值,与认为背诵是教师强制安排的任务,所带来的结果大相径庭,因背诵动机不同,效率自然也不同。

据笔者观察,让学生花大量时间背诵一些"低价值"内容的现象普遍存在。课本中要求学生背诵的段落、篇章真的全部有必要背诵吗？真的是精品吗？语文校本课程要求学生额外背诵内容，标准是什么？正因为低质垃圾内容存在，学生记忆负担严重超载。学生做的是低质量的输入事情。

细节2：课本中要求背诵的内容给予方法指导了吗？

笔者观摩语文课，发现很少有教师把指导学生快速背诵文章作为教学目标的，课堂上能落实这一目标的更少。教师要引导学生选择适合自己的记忆方式，千万不要搞一刀切。

细节3：如何看待背诵与背默、理解与记忆的关系？

背诵与背默不能画等号。没有过背默这一关，考试时会错误百出。

理解与记忆：低年级学生可先背诵再逐步理解，中高年级学生可先理解再背诵。

细节4：你关注变短时记忆为长时记忆了吗？

许多教师总是抱怨学生记不住，不清楚问题究竟出在哪里。如果有上述困惑，请反思：在日常教学中，你是不是只关注学生当堂记忆？你思考过课堂上短时记忆怎样才能变成存盘性质的长时记忆吗？有没有安排这方面的多次重复记忆与提取训练呢？这才是症结所在。

细节5：反复看、反复读被动重复效果好吗？

研究表明，反复读许多遍，以及复习时反复看笔记都是一种被动重复，记忆效率并不高。

记忆的最佳方式是主动回想，主动回想比被动重复效果好，可有效避免熟练度错觉。

细节6：你关注情境、情绪对记忆的影响了吗？

大脑在储存记忆的时候，会同时储存学习知识时的情境，在不同的情境下学习，关于知识的提示就会成倍增加，这就大大提升了记忆提取的成功率。可见，合理安排学习环境，是提高记忆的一个法宝。而且学生在愉悦情绪中记的内容更容易回忆起来。

细节7：脑科学理论中关于记忆的研究观点你运用了吗？

借助脑科学理论实现科学记忆。

看到画面，在脑中形成这个画面的名称，说出名称，继而转移到相应的字词上，这是低年级孩子的记忆特点。

睡眠有几个不同的阶段，每一阶段都会以不同的方式筛选并巩固存入脑中的信息。比如说，研究表明，"深度睡眠期"（主要集中于前半夜的睡眠）对巩固数据信息类的记忆非常重要。如果要迎接一项注重记忆的考试，那么备考前夜最好能按照平时的时间上床睡觉，以充分保证前半夜的深度睡眠,然后早早起来再快速浏览一遍备考材料。

而能帮助你巩固运动技能、发挥创造性思维(比如数学、科学、写作等)的睡眠时间是在后半夜,也就是清晨醒来之前的那一大段时间。如果将有一场音乐表演、体育竞赛或是以动脑筋为主的考试,那就建议晚睡晚起。

细节8:你关注学生忆的训练了吗? 最有效果的忆训练是什么?

要强化记忆的训练。记是贮存,忆是提取。有的学生只重视记,忽视忆,遇到问题时,大脑中知识提取不出来,故要强化忆的训练。

主动检索,如考试可以强化记忆,而且检索花费心思越多,受益就越多。从记忆中检索知识有两大显著的好处:一是能让学生明确什么是他知道的,什么是他不知道的,并据此判断以后要把精力放在哪个薄弱环节上,加以改进;二是回想已经学过的东西会让大脑重新巩固记忆,强化新知与旧知之间的联系,方便学生以后回忆。总之,检索可以有效地阻止遗忘。除了考试,还可进行各种形式的检索练习,例如低权重的小测验和自测、间隔练习、穿插不同但相关科目或技能的练习等。

新学期课外作业管理的九点小建议

建议1：拓展作业功能定位

以往对作业的定位多为诊断学情、复习巩固，除此以外，作业如下功能不能忽视：做作业，类似于知识迁移运用性质的自主学习，是学习方式的转换；作业是课堂学习内容的拓展，做作业是理解大概念、积淀素养的必要环节；作业还是学科学习兴趣激发的有效载体。因此，要引导教师在作业设计维度上下功夫，发挥作业多元功能作用，尤其是关注借助作业对学科兴趣的激发。

建议2：倡导作业单元整体设计

过去教师多重视作业一节一节碎片化设计，缺少大概念统领的单元整体系统设计意识，导致作业与目标匹配度不高；过去备课多是先设计教学内容，最后设计作业，现在提倡引导教师进行评价先行的逆向设计，关注教、学、评一体化；过去多围绕双维目标或凭经验选题、命题，现在提倡引导教师依据新课标学业质量标准命题，依据多维目标命题。

建议3：创造条件对学生周末作业进行过程指导——同步答疑

以年级组为单位制作家庭作业答疑小视频。学生在家做作业遇到不会做的题无法求助，这是造成学生做作业时间过长或完不成作业的主因。受翻转课堂拍微视频帮助预习的启迪，建议以年级组为单位协作分工录制作业中较难题的答疑解惑的微视频；周末作业学校分学科设置视频答疑热线。这种方式，深受学生家长喜欢，实际效果也不错。

建议4：提倡教师设单元作业二次纠错课

作业上的错题规范订正后，学生为什么还常犯重复性错误？问题就在于缺少二次纠错。破解对策是把单元错题汇总在一起，进行单元集中二次纠错。具体做法前文已有详细介绍，在此不再赘述。

建议5：构建作业评价链条，让评价反馈更具体

从作业点状日评价走向"日—周—月—期"链条评价。可在学生作业首页，设计一个累积式作业评价表。如每周日作业4次优＝周作

业优；三次周作业优＝月作业优；一学期三次月作业优＝期作业优。

从综合评定到具体刻画评定，从原来综合打分、评定等级，变成从书写、准确度、创意三个维度分开评定。

建议6：开展教师创题、说题比赛

教师命题能力欠缺已成为共识。什么是符合新课标理念的题、什么是好题，教师心目中得有个标准。"好题"参考标准：依据学业质量标准命题（以标命题）；知识、命题双向细目表变为多维细目表（横栏，情境设置、任务设计、思维、推理层级、问题设计、答案开放度；竖栏，大概念、核心任务）；从关注知识到知识近迁移，到重视大概念运用的远迁移；关注客观性试题评分标准变化（注重创新、批判性思维）；从能力到素养，重视试题复杂情境设计、非良构问题设计、设问设计。

说题可四说：说自己设计这道题选择的是哪一类情境，是这类情境的什么层级；说欲考核的关键能力是什么及相匹配的核心知识、考核层级的确立；说问题结构类型、难度；对答案及量规意图进行说明。

建议7：重视对跨学科作业评定及节假日实践作业科学系统研发

跨学科主题学习教务处得统一协调，可设立跨学科主题学习周，对跨学科作业的设计、指导、评价要有详细方案。

节假日家本课程是课程向家庭、社会的拓展，是有待开发的富矿，教务处要对各学科假期实践作业进行全学段统筹规划、系统开发，对开发质量进行考评。

建议8：设立学生作业反思日

每个月可设立学生作业反思日：针对做作业的兴趣、程序、方法、习惯等进行书面反思；同伴互相评价并提出合理建议；观看优秀学生作业，学习一个优点，改进一个缺点。

建议9：变普通练习为刻意训练，引进后刻意训练策略，提升作业效率、效益

刻意训练、后刻意训练是科学学习方法，要引进、消化、实践。

刻意训练法特点：在舒适区之外"学习区"练习（学的都是生疏的不会的）；有明确的练习目标（我一定要学会，动机强）；把要训练的内容分成有针对性的小块，对每一个小块进行重复练习（分点、分步练）；在整个练习过程中，随时能获得有效的反馈（及时知道对错，并对错题进行二次训练）；练习时注意力高度集中（专注、专心）。总之，刻意训练是以错误为中心的练习，练习的都是学生不会的；要把大问题分解成小问题进行专项训练；训练时必须专心，训练结果教师能及时反馈并再强化训练。

后刻意训练法核心要点：频繁的集中练习只会产生短时记忆；间隔练习使知识存储得更牢固；穿插练习有助于形成长时记忆；多样化练习促进知识的活学活用；善用练习组合，带来成长型思维。

　　后刻意训练的几条普适性原则：检索比翻看效果好，提倡有间隔的练习、有穿插的练习、多样化练习，关注提炼规则的结构化学习、生成性学习、有困难的学习，反思细化学习。

"新三备"

备课不能窄化为写教案，更不能沦落为抄教案，要查阅资料，阅读课标、教材，这是前提。写后消化教案内容对实现自我训练提升尤为关键。

树立大备课观，先要有三级——整本书、单元、课时备课意识。寒暑假完成整本书备课，集体常态教研侧重单元备课，教师个人完善课时备课。

新、中、老教师备课侧重点不同，新教师要先过教材关，中年教师要侧重教学设计关，老教师要弥补课件、微课制作关。

"新三备"指的是备课本批注、备教学设计、备课件制作（电子问题导学卡制作）。

第一备：课本批注

文、理科要求不同。比如语文备课侧重生字注音、词语释义、重点句段解析、问题设计及答案等，类似知识备忘录。数学备课侧重补充概念、公式、例题、习题，书后习题必须做一遍，类似教师用笔记本、习题本。道法、科学侧重补充时政新闻，新的例子、实验，类似新的课程资源资料卡。

课本批注的目的是保证不出现知识性错误，不出现讲着讲着忘词的尴尬局面，不出现常见问题让学生问住的情况。

批注详略、类型新中老教师不一样，学科侧重点也不一样，以课堂上用得上、实用、管用为核心原则。

第二备：单元、课时教学设计

由学校专门设计单元学程案、学习设计案（课时教案），把备课模块、框架搭建好，尽量减轻教师负担。单元、课时备课可提前以备课组为单位集备完成，教师在集备基础上依据班情微调即可。备课重点放在目标设计、情境链设计、问题设计、学程设计、评价与作业设计上。

考核先团体后个人，先整体考核备课组，然后评价备课组内每个教师贡献度大小。

备案本设计与使用要让教师感觉到成就感，仿佛在写一本书；优秀的可保存、收藏供新教师借阅。

目的是在明晰教什么的前提下，重点解决怎么教、教到什么程度的问题，即教学方法优化问题。

第三备：课件制作

互联网时代，信息技术与学科高度融合，作为教师，必须紧跟当下，全面提升课件制作水平。

课件制作过程是前二备内容条理化过程，也是对备课内容理解消化的过程。借助课件上课直观、生动、形象，节省了一些抄题、板书时间，课堂容量增大。此项备课旨在借助信息工具提高课堂效率。

　　总之，我们探索"新三备"的初衷是：先解决知识不出错问题，再解决方法问题，后解决效率问题。"新三备"解决了教师备课全流程可视化问题，因老中青教师要求不同，再加上团队协作，并没有加重教师备课负担。实践证明，"新三备"实用，富有实效，有推广价值。

第三篇 新课标多维解读

盘点新课标二十个核心议题

虽然距离新课标颁布已有一段时间了，但要完全吃透其精神并有效指导一线教学实践，仍然需要下很大的功夫。新学期备课前，再次熟读课标，研习课标中还未完全理解的内容，是很有必要的。笔者在研读新课程、新课标方案基础上，借鉴专家、学者相关论述，梳理了新课标的二十二个核心议题。

一、课标的重要性

课程标准，是学校教育教学宪法，是育人蓝图，具有准绳的作用。这次课标修订，重在从学科立场走向教育立场，突出素养立意、育人导向，优化课程内容结构，强化学科实践及跨学科主题学习，践行素养导向质量观。课程标准有可操作性，"新课标—新教材—新学案—新课堂—新考评"构成了课改的完整链条。

二、新课标的亮点：课程核心素养

学生发展核心素养，通过学科课程素养认领来推行，想得到美丽的育人目标—看得见风景的课程核心素养—走得到景点的教学目标，构成了切实可行的育人目标行动图。

可见，课程核心素养是课程的基因，一根红线贯彻修订全过程，是课程育人价值的集中体现，是各学科课程在落实立德树人根本任务中的独特贡献，是学生通过课程学习逐步形成的。

三、育人总目标确立，义务教育学生画像

培养目标：有理想、有本领、有担当。

所谓"有理想"，指学生从小要树立远大目标，培养积极的生活态度，对美好生活有向往和追求。

所谓"有本领"，指学生要学到能够运用于实际、满足生存需要、服务于社会的知识和技能。

所谓"有担当"，就是培养责任意识，发挥个人能力，做时代的主人。

四、核心素养概念：三个方面、六个维度、十八个要点

核心素养是一种综合性品质，指个体在面对复杂的、不确定的生活情境时，能够综合运用特定学习方式所孕育出来的（跨）学科观念、思维模式和探究技能，结构化的（跨）学科知识和技能，世界观、人生观和价值观在内的动力系统，分析情境、提出问题、解决问题、交流结果。

通俗地说，是学生应具备的，能够适应终身发展和社会发展需要的必备品格和关键能力、正确价值观。

核心素养分为文化基础、自主发展、社会参与三个方面。

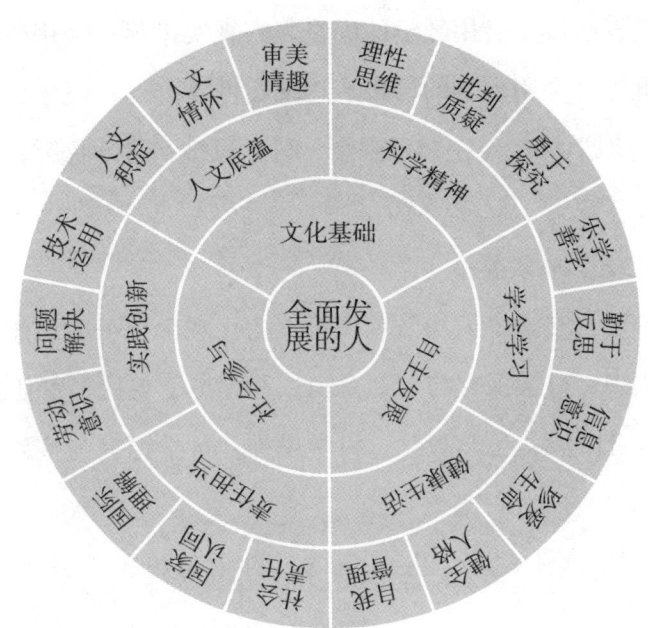

五、学科核心素养

学科核心素养的基本特征是，以学生发展核心素养为核心追求。

学科核心素养是对三维目标的整合，是确定学科课程标准、学科知识体系、学科质量标准的依据。学科核心素养以结构化的学科知识与技能体系为重要载体。它具有整体性、情境性、反思性。

（1）语文学科素养

高中阶段：语言建构与运用；思维发展与提升；审美鉴赏与创造；文化传承与理解。

义务教育阶段：文化自信；语言应用；思维能力；审美创造。

（2）数学学科素养

高中阶段：数学抽象；逻辑推理；数学建模；直观想象；数学运

算；数据分析。

义务教育阶段：会用数学的眼光观察现实世界；会用数学的思维思考现实世界；会用数学的语言表达现实世界。

（3）物理学科素养：物理观念；科学思维；科学探究；科学态度与责任。

（4）化学学科素养

高中阶段：宏观辨识与微观探析；变化观念与平衡思想；证据推理与模型认知；科学探究与创新意识；科学态度与社会责任。

义务教育阶段：化学观念；科学思维；科学探究与实践；科学态度与责任。

（5）生物学科素养：生命观念；科学思维；探究实践；态度责任。

（6）英语学科素养：语言能力；文化意识；思维品质；学习能力。

（7）历史学科素养：唯物史观；时空观念；史料实证；历史解释；家国情怀。

（8）地理学科素养：人地协调观；综合思维；区域认知；地理实践力。

（9）科学学科素养：科学观念；科学思维；探究实践；态度责任。

（10）劳动学科素养：劳动观念；劳动能力；劳动习惯和品质；劳动精神。

（11）艺术学科素养：审美感知；艺术表现；创意实践；文化

理解。

（12）信息技术学科核心素养：信息意识；计算思维；数字化学习与创新；信息社会责任。

（13）体育与健康学科核心素养：运动能力；健康行为；体育品德。

（14）道德与法治学科核心素养：政治认同；道德修养；法治观念；健全人格；责任意识。

六、布鲁纳、施瓦布的学科结构化相关理论及实践课程论

2022年版新课标主要依据的理论是布鲁纳、施瓦布的学科结构化相关理论及实践课程论。换句话说，我们这次是从发现学习、课程结构结合视角来全面引进、学习布鲁纳的思想观点。教学评价与韦伯的DOK理论基本吻合。

施瓦布的实践课程蕴含着真实性、探究性、情境性以及过程性等特性，提出学科结构的三种含义，即学科间的组织结构、学科的句法结构、学科的实质结构。

布鲁纳是美国著名的教育家，他主张学习的目的在于以发现学习的方式，使学科的基本结构转变为学生头脑中的认知结构。因此，他的理论常被称为"认知结构论"或"认知发现说"。

核心观点：

（1）任何学科以一定的知识的正当形式，能有效地教给处于任何发展时期的任何儿童。

（2）学习的本质不是被动形成"刺激—反应"的联结，而是主动形成认知结构。

（3）学习过程包括获得、转化和评价。

（4）教学原则：①动机原则。动机类型：好奇内驱力、胜任内驱力和互惠内驱力。②结构原则。任何知识结构都可以用动作、图像和符号来呈现。类型：动作性表征、映像性表征、符号性表征。③程序原则。④强化原则。强调及时反馈。

（5）发现学习的四个作用：提高智能的潜力；使外部奖赏向内部动机转移；学会将来做出发现的最优方法与策略；帮助信息保持和检索。

（6）发现学习的四个特点：强调学习的过程，强调直觉思维，强调内部动机，强调信息的组织和提取。

关于学科基本结构的观点：

①任何一门学科都有它基本的知识结构，学生要掌握，并在头脑中形成相应的知识体系或编码系统。

②教学不能逐个地教给学生每个事物，而是使学生获得一套基本原理或思想。这些原理或思想构成了理解事物的最佳认知结构。为此，在教学活动中必须把各门学科的基本结构的学习放在中心地位上。

③无论是教材的编写还是教学活动的进行，都应侧重于让学生掌握一门学科的基本结构。

④学习和掌握基本结构的五大优点：如果知道了一门学科的基本结构或逻辑组织，学生就能理解这门学科；如果学生了解了基本概念和基本原理，就能把学习内容迁移到其他情境中去；如果教材的组织

形式具有很强的内在知识结构性，将有助于学生记忆具体的知识细节；如果给学生提供适当的学习经验和对知识结构的合适陈述，即便是年幼儿童也能学习高级的知识，从而缩小初级知识和高级知识之间的差距；有利于激发学生的学习兴趣和促进儿童智力的发展。

美国教育评价专家韦伯提出"知识深度即DOK"理论，该理论将学生的认识水平分成四个层级：回忆和重现、技能和概念、策略性思考、拓展性思考。一个真正好的学习任务应该从问题解决与应用、思维迁移与创造层面来设计。

七、多元的目标分类

布鲁姆目标分类	韦伯深度知识（DOK）模型	马扎诺目标分类		
		认知系统	元认知系统	自我系统
回忆	第一层级：回忆与再现	信息提取	目标设定、过程监控、清晰度监控、准确性监控	重要性检验、效能检验、情绪反映检验、总动机检验
理解	第二层级：技能与概念	理解		
简单应用				
复杂应用	第三层级：策略性思考	分析		
分析				
评价	第四层级：拓展性思考	知识运用		
创造				

深色为高阶思维，浅色为低阶思维

八、知识类型与教学评估

不同的知识类型所需要的教学方法和评估方式亦不同。

安德森等著的《布卢姆教育目标分类学（修订版）》将知识分为四种类型：

①事实性知识。有"术语知识"和"具体细节和要素的知识"两个亚类。

②概念性知识。结构化的知识形式，包括"分类和类目的知识""原理和通则的知识"和"理论、模型和结构的知识"。

③程序性知识。关于"如何做某事"的知识，指做某事的方法、探究的方法。

④元认知知识。关于一般认知的知识以及关于自我认知的意识和知识。

从学科教学的角度看，前两类相当于学科的内容知识，后两类是过程技能。

知识类型与认知方式大致是对应的。比如事实性知识，主要是"知道"，记住并能回忆；概念性知识则需"理解"，表现为能够解释、举例、分类、总结、推断、比较、说明等。

事实性知识是相互分离的、孤立的、信息片段形式的知识。以往的基础教育主要在教这种类型的知识，强调"知识的覆盖面"，用"知道""记住"的方法。在应试教育背景下，则恶化为"死记硬背"的"题海战术"。

九、课标基本框架

文本框架					逻辑思路 (要回答的基本问题)
一、课程性质					本课程的来源及其特征是什么？
课程性质及教育价值					为什么要学习本课程？ 对学生发展有什么重要价值？
二、课程理念					本课程的价值追求是什么？ 如何通过课标各部分来落实？
目标理念	内容理念		实施理念	评价理念	
三、课程目标					本课程对学生发展核心素养培育的贡献是什么？ 其进阶水平是怎样的？ (课程目标是核心素养的具体化)
共时性 历时性	(一) 核心素养内涵		(二) 目标要求		
结果	1. 要素及内涵		1. 课程总目标		
过程	2. 学段特征（素养进阶）		2. 学段目标		
四、课程内容					给学生提供哪些经验（内容及其基本活动）来达成课程目标？
内容结构图	(一) 内容单位1 1. 内容要求 2. 学业要求 3. 教学提示 (二) 内容单位2 …… (三) 内容单位3 …… (N) 跨学科主题学习——跨学科内容		观念 主题 任务		
五、学业质量					如何判定学生课程学习的结果？
学业质量内涵			学业质量描述		
六、课程实施					如何有效实施课程？
教学建议	评价建议	教材编写建议	课程资源开发与利用	教师培训与教学研究	

十、课标中的"内容要求""学业要求""教学提示"三者的关系

这三个部分缺一不可,内在关联。"内容要求"指向"学什么"——强调在结构中的、扎实的基础知识学习的重要性,防止知识虚化。"学业要求"指向"学得怎样"——结合教学内容要求,提出素养发展目标。"教学提示"指向"怎么学"——学习这样的内容、达到这样的要求,学生必须经历哪些典型活动,让课程"活"起来、"动"起来。

十一、学业质量标准

学业质量,指学生完成课程阶段学习后的学业成就综合表现。学业质量标准是以核心素养为主要维度、结合课程内容对学生学业成就表现的总体刻画,是教学评价与考试命题的依据。

各学科课程标准要依据核心素养发展水平,结合课程内容,整体刻画不同学段学生学业成就的具体表现,形成学业质量标准,引导教师把握教学深度与广度,为教材编写、教学实施、考试评价等提供依据。

十二、教学提示

要求:围绕学习活动经历,整合教学策略、情境素材、学习活动、教学策略,指出教学设计的要点和需要注意的问题。在情境素材选择上,建议使用与学习内容密切相关、能够体现素养发展要求的。学习活动方面,建议指明必要的学习活动经历和过程、基本学习方式,将学科思想方法和学生应形成的核心素养融入活动。

十三、大观念

大观念是一门学科（课程）知识内容体系中最有解释力、统整力和渗透力的知识，内含学科思想、学科方法、学科思维，它是核心素养在学科（课程）的体现。

大观念，在不同课程标准里有不同叫法，如语文课程标准提出"任务群"，其他课程标准提出"主题""任务""项目"等，但本质上都强调以素养为纲，构建以问题解决为目标，以大主题、大任务、大单元等为形式的教学内容结构单位。

大观念，即一门课程中少而重要、强而有力、可普遍迁移的"概念性理解"。它一般由两个部分构成：一是能够形成一门课程的逻辑体系的核心概念，二是由核心概念之间的关系所形成的命题、原理或理论。除此之外，不同单元主题和学习活动中也蕴含着与主题和活动相适切的大观念。

大观念能够实现对知识内容的精炼，对学科内容的重组，引导学生透过茂盛的枝叶，从主干、根部吸收营养。

十四、大概念

大概念亦称"大观念"或"核心观念"。威金斯认为，大概念通常表现为一个有用的概念、主题、有争议的结论或观点、反论、理论、基本假设、反复出现的问题、理解和原则。大概念可以表现为一个词、一个短语、一个句子或者一个问题。

大概念，是聚焦学科本质的核心观念、思维、价值观，它是对学科知识及相关概念间关系的抽象表述，对事物的性质、特征及事物间的内在关系及其规律的概括，具有相对稳定性、共识性、统领性等共性。

大概念是具体与抽象间的协同思维，是将素养落实到教学中的锚点。大概念有三种表现形式：①概念，指对一类事物本质特征的抽象概括，这是大概念的一种典型表现形式。②观念，表现为一种看法和观点，常常反映了概念与概念的关系。③论题，即很难给出确切答案的大概念，主要出现在人文艺术领域。

如果要给大概念一个定义，就是反映专家思维方式的概念、观念或论题，它具有生活价值。

大概念是指学科领域中最精华的内容。有限的课时与不断增多的知识之间存在着矛盾，这就需要以最有价值的大概念作统帅，摒弃细碎的知识学习，使课程内容结构化。它揭示了知识的规律，使碎片化知识间发生有机联系，不仅便于记忆，也利于学习新知，当学生遇到新情境与新问题时，可以迁移应用。

大概念可从如下方面发挥作用：

课程一体化建设。一体化强调学校课程的连续性和学科之间的关联性，贯通不同学段、不同学科，其内在逻辑就是大概念。

大单元整体教学。教学难点在于找准单元整合的依据与标准，用大概念统摄与组织教学内容，使离散的事实、技能相互联系并有一定意义，大概念就是科学、合理进行课程整合的基点。

基于理解的教学设计或逆向教学设计。基于大概念的教学，具有明晰的学习目标、有效的表现性任务，有利于学生自主、合作、探究学习，完成学习任务。

促进学生深度学习。基于大概念的学习，是有组织的结构化学习，是能有效迁移的学习，是学以致用的学习，这都是深度学习的应有之义。

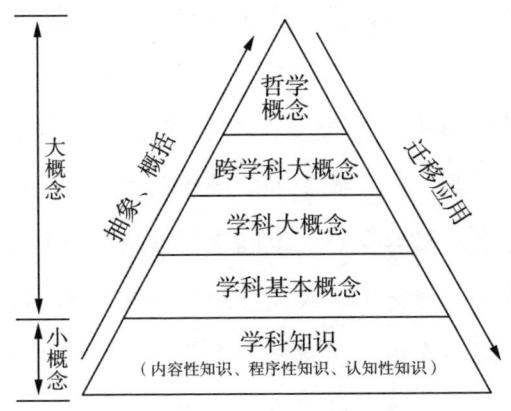

聚焦"大概念"的学科知识结构"金字塔"

学科让学生重点学什么？有三次迭代：1.0版，学知识，学前人结论；2.0版，学大概念，学迁移，学学科思维；3.0版，借助学科学会思维，提升思维品质，多个角度观察世界、思考世界、表达世界。

十五、教学评一致性、一体化

教学目标、教学内容（活动、任务设计）与教学测评，三者相互照应，相互匹配。目标是单元教学的起点和归宿，一切教与学的活动都旨在实现目标，因此，有效的单元教学需要以目标为出发点，遵循教学评一致性。

而教学评一体化，是指这三方面的融合统一。是否统一的判断标准是学习目标，"一体化"更关注目标设计尤其是目标达成，要求教案逆向设计，从过去的"目标—内容—评价"，到现在的"目标—评价—内容选择"。

教学评一体化强调嵌入式评价、过程性评价、任务式评价，从传统知识点的一体化，走向以学习质量标准来落实的一体化、基于深度学习的一体化。

同时，效果检测从以传统双向知识细目表为依据，升级到以情境、能力、知识类型、核心概念等多维细目表为依据。命题更关注情境纵向深入，思维、素养立意，设问更开放、答案更多元这四要素。

教学评一体化，强化了以大概念统整的单元整体设计，放大了整理课、学后反思课的作用。课堂从追求每一堂课的战术高效，转向学科整体、单元的战略高效，从追求单一化理解走向全局性理解，为未来而学，为掌握大概念而学，为"事实—概念—主题—原理与规律—理论"的理解而学，为迁移而学，为"经验技巧—方法流程—学科原理—哲学视角"的思维模型层次升级而学。

教学评/体化设计研究哪些内容？有专家提出以下七个方面：①目标是否合适？是否适合学生学习？②达成评估（设计）是否科学：评价什么？怎么评价？评价标准是什么？谁来评价？③根据目标设计的学习问题（学习任务）是否为结构化问题串？问题是否优质？④根据问题设计的学习活动是否符合台阶式引领（组织形式＋活动步骤＋方式方法）？是否有利于学生思维参与？⑤嵌入式评价是否与目标达成评估统一，是否利于学生高质量完成学习任务和开展学习活动（这里的评价可以有等级和分数）？⑥先行组织是否实现新旧知识相连、激发学生内在动机（情境）、指向主问题（或整体安排一节课学习工作）？⑦成果集成（传统小结）是否实现了知识或思维结构化，能够引领学生回顾反思一节课的学习？

十六、大概念统领的大单元教学

这些年的教学有两个演变，一是"知识点—知识单元—学习单元"，二是"单篇教学—单元整合教学—素养本位大概念（大单元）教学"。

大单元教学的定义可以这样表述：以发展学生学科核心素养为追求，运用整体性和系统性思维，设计情境任务，整合学习资源、学习内容、学习方法等，让学生在完成学习任务的过程中习得知识和技能，并运用发展性概念理解，借助概念的迁移和协同思考，发展解决现实问题能力的一种课程组织形式和实施方式。

大单元教学不外乎以下三个基本特征：①目标定位上，追求可迁移的大概念的理解；②设计思路上，遵循逆向设计原则，目标统领，注重学习证据的设计，为具体学习成果的产出设计具体的语文实践活动；③实践落实上，以具有驱动力、整合力和发展力的学习任务为组织形式。

大单元教学特点：

①目标阶位高，如，解决真实情境问题，以产品/作品为导向；②教学单位大，需要教师将多个课时合在一起思考、操作；③课程建设显，将目标、情境、知识点、课时、学习活动、教师指导、作业、展示、评估整合成一个相对独立的微课程；④单元组织者统领，每个单元都有一个组织者作为"骨架"统摄所有学习活动。

大单元教学，以素养为纲，构建以问题解决为目标，以大主题、大任务、大单元为形式的教学内容结构单元，以学生学习行为的设计为主线，以问题或任务为导向，以学习项目为载体统筹考虑，强调真实情境、真实任务，强调在问题解决过程中渗透学科思维模式和探究模式，凸显学习过程的综合性和实践性，使学生经历完整学习单元，形成结构化整体性的核心素养。

十七、跨学科主题学习

新课程建构的综合学习，在路径上，体现为学科内知识整合学习、跨学科主题学习与综合课程学习三种类型。在学理上，坚持"素养说"的内在逻辑，强调建立知识间、知识与生活间、知识与自我间的联结。在实践中，针对知识间的割裂，注重学科知识的整合；针对知识与生活间的割裂，强调知行合一，注重学用结合；针对知识与自我间的割裂，强调学思结合，建构学习反思支架。

跨学科主题学习，即立足某一学科，以主题来组织其他学科的内容和学习方式，实现综合学习。跨学科整合不是学科知识拼盘，也不仅是项目主题整合，而是学科认知方式、思维模型的整合，让学生多视角、多维度对问题进行探究解读。新方案规定，"原则上，各门课程用不少于10%的课时设计跨学科主题学习"。

不同于单科独进地学习，跨学科主题学习整合两种及以上学科的观念、方法、思维方式等，指向真实的情境、开放的结果，主张学生进行真实实践和创造性实践。通常围绕真实问题、任务或项目，通过搭建跨学科主题学习单元，而不是新设科目来整合不同学科的知识、观念、方法与思维方式。

这种方式指向复杂问题的解决，追求在问题解决中拓展认知边界，通过变革学习方式鼓励学生创造性地完成任务、重构学习经验，以超越传统单一学科方法的束缚。需要注意的是，不是每个部分都要跨学科学习，一学期一两次，选择重点。

十八、课程内容结构优化

基于核心素养要求，遴选重要观念、主题内容和基础知识技能，精选、设计课程内容，优化组织形式。

新课标的一个典型特点是探索用大概念、项目或任务组织课程内容。正如张华先生所说，借助内容结构化，让学生进入课程，让素养落地。课程内容结构化，最终要引领和推动教学改革纵深发展。

学习方式改变，首先是课程结构化，课程内容结构化，没有课程内容结构化，学习方式是不能转换的。可见，发现学习与结构化课程是两位一体的。如果是结构化课程，就需要发现学习；如果是发现学习，所学的一定是结构化课程。

郭华教授曾做《新课标引导教学新变革》的主题讲座，他在讲座中提到，课程内容的结构化不是内容结构，而是通过结构化的课程，让课程内容变成学生活动的要素，结构化要求必须整体把握教学内容，充分挖掘和体现不同内容的教育价值，实现学生学习方式的变革。

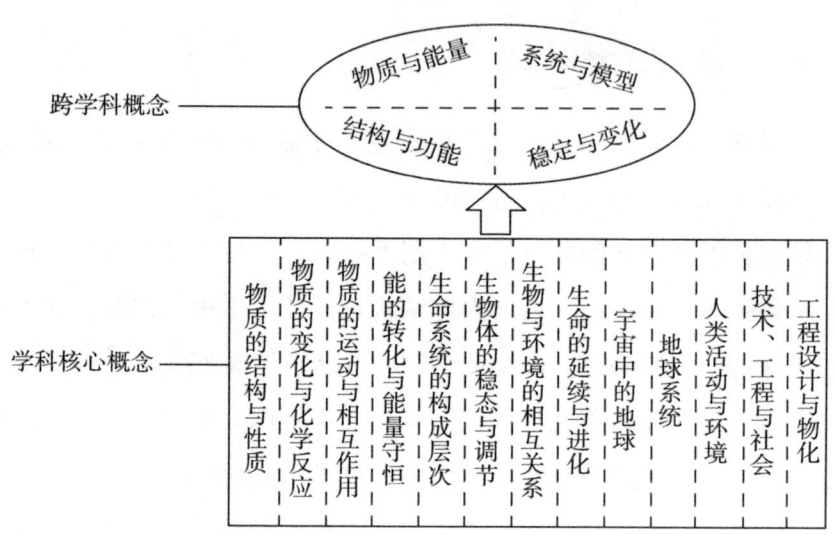

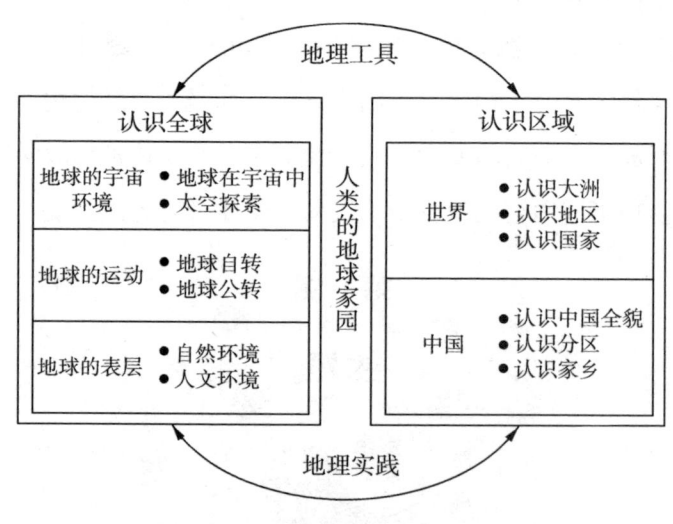

学科经验结构化范例

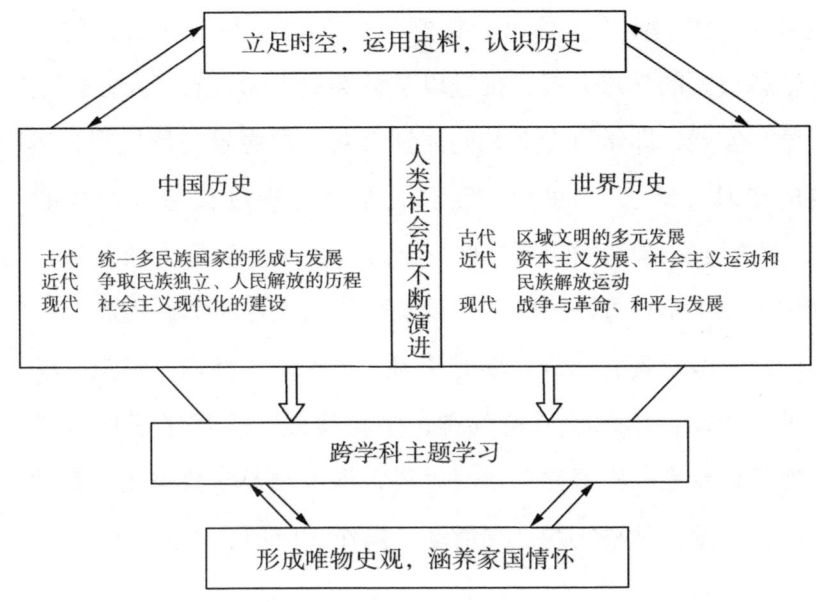

历史课程内容结构示意图

  课程内容结构化有助于更好地理解和掌握学科的基本原理，结构化的目的在于体现学习内容之间的关联；有助于实现知识与方法迁移；有助于准确把握核心概念进阶。

  学习经验结构化路径和策略：

  （1）路径：横向结构化与纵向结构化。

  （2）策略：①横向结构化，组织者是真实活动，如跨学科主题学习、科学课程中"水火箭"的制作等；②纵向结构化之自下而上，组织者是已有的知识与技能，如小学数学，先学整数后学小数、分数；③纵向结构化之自上而下，组织者是已学过的学科基本概念与原理，如先学"能的形式"，再学怎么运用。

十九、学科实践活动

  义务教育课程方案与课程标准强调素养导向、学科育人，重组课程内容，创建学业质量标准，探索与素养目标和内容结构化相匹配的、学科典型的学习方式，推进以学科实践为标志的育人方式变革。

学科实践，即学科专业共同体怀着共享的愿景与价值观，运用该学科的知识（概念）、思想与工具，整合心理过程与操控技能（动手），解决真实情境中的问题的一套典型做法。从育人角度看，学科的知识需要用学科方法去学习，要从学科探究走向学科实践。

学科实践是具有学科立场的学习，遵循学科性质、特点、学习方式、学习活动，体现学科精气神；学科实践，立足于建构学科大观念，像学科专家一样探究和学习学科，深入触及学科本质、精神、方法等学科意蕴。学科实践是在活动、操作、应用、体验之中学习。

二十、与课标理念匹配的命题与评价

命题所秉持的基本思想，就是素养立意。指向素养立意的命题更具结构性、整体性、情境性等真实任务的特点，更关注任务的价值导向，更追求用做事活动来牵拉、考查学生的思维水平与探究水平，更关注思维、探究的动力状况，以及思维结果、探究结果的价值意义。

素养立意的测试宗旨，不是学生的知识或能力的拥有状况，而是学生愿意和能够运用知识与能力去解决问题、造福社会的心智状况、精神状况。

新评价有三条变革路径：纸笔考试仍是选拔性考试的主要方式，表现性评价是素养导向评价改革着力点，过程性数据是评价与技术融合新方向，即改进结果评价，强化过程评价，探索增值评价，健全综合评价。

纸笔考试要重建命题属性，教师应明确在什么情境下，运用哪一类知识,解决什么问题。双向细目表已完成使命,将退出历史舞台。

表现性评价有三种类型——构答反应、作品、行为表现,考验学生真实情境的问题解决,解决高分低能问题。

既然教学坚持以问题解决为出发点,坚持学习开始于知识正在发生或正在应用的真实境况中,那么命题改革的方向就是:减少裸考知识现象,让测评发生在知识处于生成状态或应用状态的情境之中。

依据教学评一体化要求,命题将坚持这样的原则:无应用情境就无知识测试。不论是客观性测试还是主观性测试,考点必须"生长"在产生知识或应用知识的"土壤"之中。

既然教学重心将从重结果回到重过程,学生的思维能力培养、探究能力培养和做事能力培养将成为最重要的教学任务,那么,命题改革的方向就是:强化对思维过程、探究过程和做事过程的测量和评价,从注重考查记忆理解的结果到注重考查思维过程、探究过程和做事过程。

既然教学坚持从真实生活出发,在问题解决过程中培养学生的实践能力和创新精神,那么命题改革的方向就是:坚持试题的应有开放度和综合性,注重考查学生提出问题、形成问题解决方案和评价问题解决结果的素养。

不仅要考查学生是否会解决他人给予的问题,更要考查学生能否自己发现和提出问题;不仅要考查学生是否会用所学方法解决问题,更要考查学生能否形成自己的解决方案;不仅要考查学生是否知晓和能否应用已学知识,更要考查学生能否审视、追问、评价、改进已学知识;不仅要考查学生的知识与能力状况,更要考查学生对知识与能力的态度与期待。

必须把批判性思维素养与创新素养的培养作为教与考的重要内容，因为一旦教学从直接的知识传授走向直面真实的探究，学生所面对的社会、自然、人生等学习对象本身就是多元的、不确定的和开放的。

既然教学将通过大任务来承载大观念，以主题、活动、项目等任务的实施来实现对原理、法则、态度等大观念的掌握，那么命题改革的方向就是：从碎片化、点状式测试走向整体性、结构化测试。测试的过程，也是学生完成一个有思维含量与探究含量任务的过程，或做一件完整且有挑战的事情的过程。

这种测试可以更全面深入、有效地考查学生的认知水平、探究水平、做事能力，以及在应对复杂、陌生情境时所表现出来的态度、立场与价值。这是做中学思想在考试评价中的体现，也是考试指挥棒应该发挥的教学导向作用。

课改走向预判：从文本课标到行动课标

互联网后信息时代与三年新冠疫情期间较长网课双重叠加，加速了教育生态的改变。

单从课改视角看，2022年，可概括为新课程、新课标的文本学习年；2023年，为新课程、新课标强力推进实施之年。为什么这样定位？理由如下：

课程标准是学校教育教学宪法，是育人蓝图，具有准绳、尺子的规范作用。课程标准的研制和修订是基础教育改革的引擎和支点，是改革源头，是课改第一依据。杭州师范大学张华教授把这次新课程、新课标方案实施定义为第九轮课程改革，"因为它不是一次修修补补，是试图深度改革当前的课程结构、教学形态、评价方式"，从学习结果看，课标修订史就是追求学习结果丰富史，追求学习本真意义探究史。这次课标修订提出了许多新主张：从学科立场走向教育立场，突出素养立意、育人导向；优化课程内容结构；强化学科实践及跨学科主题学习；践行素养导向质量观。突出变化可概括为：从三维目标时代追求高效学习走向高价值学习；教学改革的侧重点从教学方法转移到教学目标上来。

当前这四个不匹配影响新课标落地实践：一是现在用的是旧教材与新课标理念不匹配；二是现用的教师教学参考书未改编与新课标理念不匹配；三是现在市场上或教研室编写的练习册中的试题与新课标诊断要求不匹配；四是市县级教研员、一线教师不会命符合新课标理念的作业、试卷。专家、学者狂欢，基层教研员无奈，一线教师寂寞，基层教学继续惯性前行，课堂涛声依旧。理想很丰满，现实很骨感。可见，仅有规划图、路线图还不行，需要施工图。

借鉴诸多专家的相关论述，结合自己的思考实践，笔者提出了从文本课标走向行动课标的六个有效抓手。

抓手之一：职能部门、学校、教研组各司其职，将新课程方案全面系统落地，是文本课标走向行动课标的前提

"教什么"的课程改革制约着"怎么教"的课堂改革，先课改再改课，"课程不再是跑道，而成为跑的过程自身。而学习则成为意义创造过程之中的探险"。课程的着眼点要放在个体认识的独特性和经验的自我建构上。

1. 扮演好各自的角色

依据国家新课程方案，各省市尽快出台本省市的《义务教育新课程实施办法》；学校依据《实施办法》，制订学校课程实施方案；教研组研发以单元大概念统领重构单元微课程及跨学科主题学习项目。

2. 研制学校课程实施方案

学校课程实施方案是强化课程意识、提升课程领导力的重要抓手，也是国家新课程方案对学校课程实施提出的政策要求。从学校实际出发，可以重点推进学校层面的课程规划，带动各个专项课程方案和科目层面的学期课程纲要研制。学校课程体系基本框架：课程情境、课程哲学、课程结构、课程功能、课程实施、课程管理与保障、课程评价。

（1）构建校本课程体系。以往课程开发重心要么放在校本课程体系优化升级上，要么放在国家课程校本化开发实施上，这次要有更高站位：围绕要培养什么样的人确定这些人要具备的素养，要具备这些素养需要什么样的课程体系支撑；打通学校课程、家本课程、社区课程实施的平台、资源，关注学校育人目标、办学理念，重塑并落实聚焦核心素养培养的校本课程体系建设。核心是围绕学校学生发展核心素养个性化表达，进行国家课程与学校校本课程统整，进而实现国家课程校本化实施。校本课程围绕核心素养开设，从有什么、供什么，走向缺什么、补什么，从点状、碎片化课程走向立体、系统课程生态体系。

（2）明晰关键项目。重视课程图谱、学科课程宣言梳理；核心素养为纲，以学科大概念为核心、采取线性链模式进行校本课程设计、开发；围绕单元大概念进行学科知识模块化、学科方法体系化、学科思想进阶化为核心的单元课程结构化设计；成立项目组，设计有意思、有意义、适切的任务群，萃取新策略、设置学习周、提供工具栏等，让跨学科主题学习落地。

（3）打造学校特色课程模块。国家课程校本化实践路径有：补充、整合、拓展、创生。从仅把课本、教材当成学科课程，走向建构结构化、网络化、体系化的单元＋、学科＋课程群，探索STEAM项目学习课程、家本课程、场馆课程、研学旅行等系列课程，着力打造类似好奇心激发、学习力提升、家庭社会实践、儿童观培养课程的学校特色课程模块。

3. 关注急需解决新问题

当前学校层面急需解决：学校课程体系周课时安排；特色课的开设与选修；劳动、信息科技在综合实践活动中单独开设；跨学科主题学习时间统筹；课程时空、课时时长改革；学科教室、学科走班探索等迫在眉睫的问题。

抓手之二：课标解读、学情分析、教材分析增加、细化颗粒度是文本课标走向行动课标的基础

1. 重心放在中、微观层面课标解读上

自2022年4月份义务教育新课程方案、新课标颁布后，课标组成员、教育机构多从课标修订背景、框架、地位、作用、意义等宏观角度进行解读，重点想让一线教师认识到课标的重要性，从三段统筹整体、系统上理解课标结构之间的关联。

虽然培训让一线教师教育教学观念整体提升，但笔者认为仍然不够，增加、细化新课标解读颗粒度，是文本课标走向操作实践课标的基础。细化课标解读颗粒度，指的是站在中、微观层面如单元备课层面协作解读。学科单元课标解读是个专业活，解读路径主要有：安斯沃思提出的明确陈述性、程序性、元认知知识的解压式解读；朱卫强先生提出的依据一条课标中关键动词、名词匹配的拆解取向解读；陈新转先生提出的理解、解释、应用的三环节诠释性解读；邵朝友先生的整合取向解读。寻找单元大概念，进行大概念统领下的单元课标解读是重中之重。

只讲课标重要性不能解决实践问题，课标如何在备课、案例研发、作业设计、教研等具体层面使用才是教师当前最需要的。

2. 增加、细化学情分析、教材分析颗粒度

洞察学生的具体学情，既是大概念统领下进阶教学的出发点，也是大概念统领下进阶教学的归宿。洞察学生的具体学情，也是跨越学生已有认知节点的关键，还是实现学生学习进阶的关键。

以往学情分析撰写、阐述主要从学生的生理、心理特点，学生已有的知识、能力基础、思维特点、相关经验，所教班级学生学习风格、学习方法特征等视角去分析、说明。这属于宏观、单元层面的学情分析。笔者建议从宏观、单元层面的学情分析提升到单元、课时层面的深度学情分析；从对教材宏观单元分析到微观课时分析，路径要具有可操作性。李松林教授提出的"五链式分析法""一心两径分析法"值得借鉴。"五链式分析法"框架：前理解——从哪里开始；触发点——如何开始；困难处——会遭遇什么障碍；关键点——如何突破障碍；发展区——学到哪里去。"一心两径分析法"框架：知识的产生与来源、知识的作用与价值、学科本质与规律、学科方法与思想、知识的关系与结构。

单元学情分析中要增加学生学习内容、学业质量标准分析；增加依据课标确立单元大概念、单元目标、核心问题解读；增加依据课标进行单元作业设计、考试评价解读；增加依据课标进行单元设计案例开发解读等。

抓手之三：突出大概念提炼与运用、单元目标设计、学科实践活动及学后反思环节是新课标走向课堂实践的核心突破口

1. 单元大概念理解与提炼

什么是大概念？大概念如何提取？专家论述较多，不再赘述。需要强调的是，学科层面的大概念是教材编写依据，单元层面的大概念

才是单元整合、设计依据。实际上布鲁姆新目标分类学中概念性知识、程序性知识、反省性的认知知识可以看作单元大概念。有专家依据大概念内容结构将大概念分为结果结论性大概念、思想方法类大概念和作用价值类大概念。属于知识最终成果的结果结论性大概念，如细胞的结构、等体积变换模型，侧重于"答案"、结论；知识发现与建构类的思想方法类大概念，如转化法、数形结合法、反省认知策略、问题解决策略，重在阐述如何学习；知识的迁移与运用的作用价值类大概念，如方程对人类思维的价值，科学只能证伪不能证实，回答的是学习有何用问题。

2. 单元目标内涵及表述

单元目标不能是课时目标的简单累加，也不能是物理层面的概括，它要成为课堂上的"伟大事物"。目标设计要指向全面育人的发展性思维，指向立体进阶的结构性思维，指向方法引领的整体性思维，指向成果应用的探究性思维，让教学目标的制定依据、过程看得见，让教学目标的呈现、实施方略看得见。

表述素养导向的单元目标有四个关键：凸显学生是学习主体，包含学习单元的核心知识，明确学习的可迁移路径，外显学习过程的任务类型。山东威海市经开区教育教学研究中心的唐婉仪提出双线并行制定单元目标：第一条线，按课标、模块、年级、单元进行目标序列分解；第二条线，基于核心素养，寻找分解大概念，构建单元概念图。

单元目标表述笔者主张多元开放，主要方法有：最明朗的是学什么+怎么学+学会什么；依照学科素养维度表述；参照《理解为先模式》一书的目标六维呈现——单元主题、核心问题、知道什么、理解什么、能做（用）什么，简化方案为知道使用哪些知识、技能，理解哪几个大概念及学后能做什么或用在什么地方，也可以简化为学会迁移、理解意义、掌握智能；崔允漷倡导三维叙写——通过真实情境中任务的学科实践探索，理解哪些大概念，形成什么素养；崔成林提出进阶式目标——低阶双基目标＋高阶素养目标，也可以表述为常规知能目标＋大概念统领的核心目标；依据韦伯提出的回忆与再现、技能与概念、问题解决与运用、思维迁移与创造等学习分类来确立；知识系统＋意义建构＋大概念运用。

3. 单元目标与课时目标的关系

单元目标是总，课时目标是分，两者是整体与部分的关系，整体优于部分，整体决定部分，整体大于部分之和；单元目标是"纲"，课时目标是"目"，课时目标是为大单元目标服务的；单元目标是教师在学生现有水平的基础上为学生设置的最近发展区，课时目标是在该区域内搭建的脚手架。

4. 学科实践活动操作

学科实践活动就是围绕一个大问题、大任务，按照学科逻辑和学习逻辑精心设计的完整有序的系列组合活动。学科实践活动的核心是让学生学会有方法地思考问题，引导学生学会运用观察、比较、分析、综合、抽象、概括、判断、推理等基本的思考问题的方法，引导学生学会运用一些思考问题的策略。

像专家一样思考，笔者的理解是：突出学科实践特点，语文、历史、理化学科性质不同，探究方式不同，要从以往公共探究走向学科个性化探究；重点强调的是关注解决该类问题的思维、程序、方法、步骤，学会用大概念、关联、原理、态度迁移去整体思考、解决问题。通俗地说，就是学习专家做事、解决问题时是怎样借助大概念来确定程序、步骤的。

学科实践活动具体步骤是问题解决步骤，而不是原有的自主学习、合作探究、成果展示、当堂达标等课堂流程固化环节。如数学列方程解决实际问题的一般过程是：审题、分析、设元、列方程、解方程、检验。这就要求教师真正站在解决问题的内在逻辑上设计序列化学习活动直至问题解决，课堂教学要真正地从形式进入本质。

5. 学后反思价值与方法

教师小结—课堂整理—学后反思，这是课堂盘点梳理迭代升级路线图，重心不同，小结维度、关注点也不同。在素养导向新课堂常态中，"学后反思是通往核心素养的唯一路径"。可见，学后反思是学生形成学科素养的关键环节。

素养导向3.0版新课标时代，变课堂整理为学后反思，侧重点在借助深度体验反思感悟、达成单元大概念所蕴含的学科核心素养。该环节也强调整理、反思，但重心落在关联、转化上。关联强调本节知识与已学过的知识借助同化、顺应构建知识系统，实现知识结构化，同时也强调自我关联，即从元认知层面进行自我反思、正向反馈。转化是升华，把认知变成情感，倡导让学生品悟本节课可远迁移的核心观念、观点是什么，解构、改变、可升级的大观念有哪些，可解决哪些真实情境下的问题等。

抓手之四：研发大概念统领的单元教学及教学评一体化设计，是文本新课标走向实践的关键环节

1. 大概念教学意义

通过大概念教学，促使学生将新知识与已有知识结构进行融合、融通，从而演变、生发出更为上位的知识结构，实现对学生已有知识经验的改造、提升。

2. 传统单元设计与大概念统领下的单元设计差异

前者以知识点体系组织单元，后者以大概念为线索组织单元；前者是以碎片化问题串推进，后者以统整后的任务链推进；前者只重视本节内容，最后再整合提炼，后者首先考虑本单元大概念是什么，各节之间有什么异同、关联。

3. 学习活动设计

郭元祥先生的观点值得借鉴：真实情境激发学习；以问题为导向，在解决复杂问题中学习；感性与理性、理解与体验、认知与实践的循环；以生活实践和学科实践整合，学习方式多样化；增强学习的社会性，在高度的社会关切中丰富学生的社会本质，发展社会素养（社会认知与社会观念、社会情感与社会责任、社会参与与社会实践）。

4. 嵌入式评价设计样态

主要有：评价素养＋评价指标＋三维评价；评价指标＋理解六个维度＋评价对应任务；大概念＋表现性任务＋评分规则；理解意义＋掌握知能＋评价任务；理解评价＋掌握评价＋运用评价；学生活动＋前结构、单点结构、多点结构、关联结构；学习模块＋嵌入式学习过程评价；大概念的学习要求＋表现性任务＋对应评价标准等级。

5. 教学评一体化迭代升级

教学评一体化理念不是本次课标才提出来的，它是对教学评一体化理念的内涵与外延进行了重新厘定与更新。学业质量标准要求教学评一体化迭代升级，从传统双基时代突出知识点掌握的教学评一体化、三维目标时代强调全面知识理解的教学评一体化走向以学业质量标准来落实素养的教学评一体化。

6. 大概念统领的教学评一体化教学设计基本原则

主要表现在：学业质量标准背景下的新教学评一体化强调从碎片化课时设计走向大概念统整的、系统化的单元教学设计；新教学评一体化要求从单一学程设计，走向自我系统、元认知系统、认知系统的学习系统整体设计——目标设计、情境任务设计、规则设计、工具设计，尤其是关注目标达成设计；新教学评一体化重视问题化系统构建，重视学习脚手架、学习策略多元分层设计，即关注知识在情境中的意义化——将知识放还到情境中，在情境中引发多样化的学习实践，将情境中的知识抽象为学科中心的关键概念和能力，在新情境中去检验；新教学评一体化要求从常态教学方案设计走向突出大概念深度理解的翻转逆向教学设计，即传统的是先确定目标，再确定学习内容，最后设置达标检测的正向设计，现在倡导的是先确定学习目标，再确定检测目标、达成指标，最后依据欲达成指标选择学习内容、学习方式、课程资源的以终为始的逆向设计；新教学评一体化强调嵌入式评价、过程性评价、任务式评价，评价贯穿教学活动、任务始终。

特别强调的是大单元设计也是多元的，忌用一种公共模式取代新的探索。

抓手之五：创意单元作业设计与命题设计改革是新课标走向实践的指挥棒

1. 明晰练习、活动、任务的区别

练习侧重于单一双基知识的巩固，活动侧重于三维知识的获得，任务侧重于学科素养的习得；练习不注重情境创设，活动注重一个个单一情境，而任务注重整合的真实生活大情境；练习侧重于将内容分解为知识、技能，反复训练，活动注重于将内容设计成问题，关注理解、建构，任务重心在于大概念统领的整合应用学习；练习侧重于个人学习，活动侧重于团队合作学习，任务更强调深度合作、体现学科特性的学科实践活动学习；练习重结论、重死记硬背，活动重过程、重理解建构，任务重做事、重成果、重创造性应用；练习重输入、知识传承，活动重内化、重建构，任务重输出、重应用；练习习得知识多为惰性知识，活动习得知识利于解决良构问题的近迁移，任务中习得的更利于解决非良构问题远迁移；练习重结果性评价，活动重过程性评价，任务突出教学评一致性。从练习、活动到任务，背后体现的是课堂教学的"转型""转向"与"改变"：从教书走向育人，从知识传递走向生命价值的挖掘与提升，实现了由"知识"到"生命"的转换。

2. 强化素养立意、以标命题新导向

学业质量标准是连接核心素养与课程标准、评价的桥梁，对命题设计提出了新规范、新要求。

学业质量标准重点考查的是学科核心素养达成情况，是考试命题的关键依据，素养立意、以标命题新导向将成为命题新常态。同时评价命题是否超纲有了标准，那就是学业质量标准这个准绳。

3. 学业质量标准隐含了对命题设计的新要求

余文森先生的观点是，试题的命制包括立意、情境、设问三个方面，立意是试题考查的目的，情境是实现立意的材料和介质，设问是试题的呈现形式。立意的方向性和层次性，情境的真实性和学科性，设问的思维性和开放性，是命题走向核心素养的三个基本要求。为此在学业评价、试题编制方面，可以根据（跨）学科素养描述不同等级水平，根据等级水平设计不同类型的试题：一是体现真实生活情境的创意与结构化设计，二是涵盖系列推理链和能力，三是形式多样化，体现不同能力的多重组合。

4. 命题设计新变化

从传统的以知识点掌握为重点的双向知识细目表为命题依据，调整升级为囊括情境、能力、知识类型、核心概念等的多维细目表为依据。命题走向会更关注素养立意、情境纵向深入、思维层级、设问开放、答案多元这些新要素。

抓手之六：建立学术共同体，聚焦教研热点、案例研发，尝试跨学科教研，是课标走向实践的重要保障

1. 建立教师学习共同体

正如佐藤学先生所讲，只有教师间彼此敞开教室的大门，每个教师都作为教育专家而共同构建一种互相促进学习的"合作性同事"关系，学校的改变才有可能。

2. 重视案例研发与推广

重心放在：符合学业评价标准试题与传统试题对比分析案例；以往三维学习目标叙写怎样转化为素养目标案例分析；学科实践活动真实案例；旧教材、新课标，如何教如何评；大单元备课案例赏析。

3. 推出跨学科教研新机制

围绕跨学科主题学习研发与实践，学校层面要推出跨学科教研新机制。学科教师牵头，所跨学科教师参加，课前、课中、课后全方位协作；确立跨学科主题学习课堂评价标准；探讨跨学科主题学习统筹安排与实施。

艰难道路不会拥挤！2023，聚焦新课标，把握新航向，赋能新课堂，变文本课标为行动课标。希望学校从课标落地局部、个体实践走向全面、群体实践；从追求课改效果局部最优解提升到思考课改全局最优解。希望教师扬起头来望星空、静下心来研学科、放开手来改课堂、敞开心来拥未来，把那些想得到的美丽，变成一步步看得见的风景。

学校层面贯彻学习新课程方案、新课标的六大策略

每次课程方案、课标修订都会带来课程改革深化与进阶,并引领、推动新一轮课改;义务教育新课程方案与新课标至少影响未来十年的基础教育走向。故解读、学习、理解、落实新课程方案、新课标是摆在各学校面前的一件十分紧迫的大事,那么从学校层面来讲,如何高效贯彻学习新方案、新课标?

首先,对新课标理论学习,这两种错误认识要不得。一是翻了翻、看了看,感觉没有啥,仅仅是术语、概念变化;经历多了,"事大事小到时就了","学不学不影响什么",即无所谓态度。二是将新课标神秘化,认为是颠覆性改变,一切都得推倒重来,解读更让一线教师听不懂,让教师以为高不可攀,即神乎其神看待。正确的认识应该是:新课标是面对新形势,对旧课标的修订、完善、提升,是对高中课标的衔接,是水到渠成的渐变过程,是一线教师乐意接受并且能够接受的。

对于新课标在课堂上真正落地也要克服两种错误认识:一种是速成论,对新理念普及、践行认识不足,认为短时就可普及;另一种是

失败论，对课标理念不看好，认为必定以失败而告终。对于新课标在课堂上的真正落地要秉持持久论观念，遵循把观念变理念、理念变方法、方法变行为的路径，把新课标说法变成做法。

新课标理念落地、常态化，仅靠狂热的粉丝会是少数人狂欢；仅靠课改先行者推动也是一部分学校、学科在践行；只有让大多数一线教师认可、践行，才能常态化地实施。

我们还应注意到：经过多轮新课改积淀，一线教师教育教学观念大有转变，同时课程核心素养确立、学业质量标准写入，也表明讲究大概念、单元整合、教学评一致性的细颗粒度教学时代来临。为此，笔者通过基层调研及反思，从学校管理层面提出了六条务实策略，供各学校参考。

策略一：创设学课标、议课标、用课标的校园文化生态，让教师想学、愿学、会学；组织新课标理论与实践全员过关测查，新学年推出持证上岗新规范实践

学校层面要向每位教职工发出"立课改志、念课改经、走课改路"的强烈信号，并及时出台公布《新课程实施方案细则》《跨学科主题学习校本课程开发课题指南》《大单元备课、跨学科备课、听课实施意见》，让教师明显感到学校在真改、持续改，不学习有被边缘化的危险。

为了鼓励教师积极学习新课标，学校教研室要出台《学习新课标激励性考核、考评方案》，建议方案中明确规定：为教师订阅新课标解读资料，鼓励首席、学科带头人、骨干教师外出参加高级别培训，同时对做校级专题讲座的老师给予加倍的备课、讲课津贴；相关培训要进行专项考评考核，可算入继续教育学分，并纳入绩效考评、评模表先、职称评定。

暑假结束,遵循"先培训,后上岗,不培训不上岗"原则,组织全校教师参加新课标理论与实践全员过关测查,颁发过关证,若不过关,需补考,坚持持证上岗。

策略二:关注新课标依据的主要理论开展原点研究

若对第三版课标与前二版课标所依据理论进行对比,就会发现:前两版旧课标主要依据的是建构主义理论及布鲁纳的发现学习理论,通俗地说是借鉴了布鲁纳一部分的思想。2001版所提出的自主、合作、探究,即所谓的新的学习方式是由发现学习理论演变而来的。2011版的三维目标不过是对所学知识进行分类——结论性知识、过程性知识、价值性知识,关注知识学习全面性。2022版主要依据的理论是布鲁纳、施瓦布的学科结构化相关理论及实践课程论,即从发现学习、课程结构结合视角来全面引进、学习布鲁纳的思想观点。教学评价与韦伯的DOK理论基本吻合。

如果引导老师们能先读一些学科结构化等方面的书,或者从网上搜集、研究一下相关论述,对新课标中学科内容结构化、学科实践活动、跨学科主题学习等相关观点的理解定会大有裨益。

策略三:精选课标组核心专家文章让教师深度学习研讨

课标修订、课程实施方案方面,推荐课标修订组组长崔允漷的《新课程背景下的新教学"新"在哪里》《育时代新人绘课程蓝图——义务教育新课程解读》,课标框架组组长郭华的《让素养落地,让学生进入课程,落实立德树人根本任务》的讲座视频及文字记录稿,课标修订核心组成员余文森的文章《基于核心素养,如何实施与义教新课标相适应的新型教学》《论义务教育新课程标准的教育学意义》等，张卓玉的文章《素养立意，教考一体——谈新课标背景下的考试命题改革》。

语文学科可重点推荐并要求语文教研组成员必看必读语文课标修订组组长郑国民的《义务教育语文课程标准（2022年版）主要内容和变化》，核心组成员吴欣韵的《义务教育语文课程标准（2022年版）解读》。数学学科可重点推荐并要求数学教研组成员必看必读数学课标修订组组长史宁中的《数学课标修订与核心素养》，核心组成员马云鹏的《义务教育数学课程标准（2022年版）解读》视频及《义务教育数学课程标准（2022年版）内容结构化分析》文章。英语学科推荐课标修订组组长程晓堂的《义务教育英语课程发展的新方向》，核心组成员王蔷的《全面和准确把握英语课程内容是落实课程目标的前提》文章。

策略四：研发有代表性的基础、核心、提高三级导读问题提纲，让教师带着问题去深度自主学习、跨学科研讨

一、新课程方案深层阅读提纲

（一）基础部分

解释下列词语：核心素养、学科（课程）核心素养、任务群、大概念（大观念）、学科实践活动、课程内容结构化、学习经验结构化、内容单位、跨学科主题学习、素养本位的大单元教学、学习单元、课程标准、学业质量、课程内容。

（二）内核思考部分

1. 如何理解借助课程内容结构化来引领推动课程改革？
2. 如何实现通过课程结构化让学生进入课程？

3. 怎样解读如下教学演变？知识点—知识单元—学习单元；单篇教学—单元整合教学—素养本位大概念（大单元）教学。

4. 为什么要将自主、合作、探究学习方式迭代升级为学科实践活动？

5. 跨学科主题学习与项目学习、研究性学习、问题解决、学科实践有什么异同？

6. 面对新课标实践落地，为什么要提倡跨学科备课（教研）、学段备课（教研）、整体备课（教研）？

7. 举例说明分段测评要关注情境创设、具体任务（实践活动）、关键表现（观察点）三个核心链条要素。

8. 课标中的教学建议与教学提示有何异同？

9. 双向细目表已完成使命，现在倡导的学业质量与过去提的内容标准有什么不同？

10. 能举个素养目标三维叙写（通过……理解……形成……）的例子吗？

11. 这次新课标赋予教学评一体化哪些新内涵？

12. 课标修订是如何体现素养导向的？如何理解核心素养是新课程标准的内核，是课程的 DNA？

二、学科课标深度学习提纲

（一）基础部分

1. 如何运用思维导图绘制出所教学科课程标准的框架？含课程性质、课程理念、课程目标、课程内容、学业质量、课程实施建议等。

2. 2022 版有哪些修订亮点？与 2011 版相比有哪些变化？运用框架图列举说明出来。

3. 描述所教学科总目标是什么，学段目标是什么，尝试结合所教版本教材分解学期目标和单元目标。

4. 概述所教学科课程内容结构框架及要点，并运用结构图呈现出来。

5. 描述所教学科学业质量，把学段质量分解为学期、单元学业质量，思考内容要求、教学提示、学业要求的关系。

6. 探索所教学科课程标准规定的跨学科主题学习、项目化学习，并思考落地方案。

7. 简述素养导向的大单元教学、真实情境的学科实践、问题解决的进阶评价、教学评一致的课堂教学。

8. 谈谈"改进结果评价、强化过程评价、探索增值评价、健全综合评价"在教学中的应用。

9. 学习评价建议——学业水平考试及样题，尝试编制一份试题（或单元作业）。

10. 所教学科新课标附录中有哪些增删？背后的意图与启示是什么？

11. 说说所教学科新课标对学科教研有什么新要求？

12. 你准备如何实施与义务教育新课标相适应的新型教学？

（二）提高部分

1. 列举所教学科教学提示内容，并思考其与内容要求、学业要求之间的关系。

2. 列举课程实施中的教学建议，并思考其与教学提示的区别。

3. 思考素养本位教学评一体化与知识本位教学评一体化有何不同。

4. 列举或探索所教学科跨学科主题学习的主题，并思考一例落地方案。

5. 谈谈你对"双基时代关注双基掌握，三维目标时代关注三维知识落实，核心素养时代关注学业质量内核，重视知识通过活动转化成素养"这句话的理解？

6. 简述"素养本位单元设计、真实情境的深度学习、问题解决的进阶评价"这三大抓手对课标理念落地的意义。

7. 谈谈在新课标实施背景下，你对课程目标链及单元目标确立及分解的认识，尝试列举一个例子。

策略五：组织校本培训及校本研修

倡导新的培训观：如何让新课标培训与教师需求、发展共振？如何给下学期新课标落地工作赋能？不能"有什么，讲什么"，实施"缺什么，补什么""点什么，做什么"的点菜式培训，不失为一种有效策略。

暑期教师新课标培训既需要前瞻性、引领性的思想、理念、精神培训，也需要身边典型、贴近实际、能落地的自研修。建议把新课标外出培训经费变成培训券，教师可"自助点餐"去参加符合自己最近发展区的学习；建议把问题变成培训课题，因循"教师问题征集—归类汇总—集体会诊—确定教师共同感兴趣的话题"的思路，形成培训的主题，在此基础上，制定详细的培训实施方案；建议从"培"走向"训"，侧重练习、训练、强化、操作，让培的内容转化为会做的行动而落地。

除了新课标理念，课堂模式也是培训的重点，培训课堂应成为一线课堂的引领、示范。

建议采用"协作研修"新形式。提前发放资料，让教师自学，现场采取合作、探究、质疑、点拨形式，训后追踪、转化、运用。

建议以同事为师——互训。互训指的是教师之间互做导师与学生，互相培训：教师选择自己感兴趣、最擅长、有思考的内容作为互训选题；自己阅读、搜集、整理相关内容，撰写培训讲义、制作课件等；学校学术专业委员会审查通过后，安排讲座时间；依据效果及满意度发放教研津贴。这种研修接地气；资源共享，我为人人，人人为我；倒逼教师阅读、研究、输出一体化。

策略六：紧紧抓住如何让义务教育新课标理念在学科、课堂、作业设计、考试评价落地这个牛鼻子

推出有经费资助的攻关课题、项目，实行个人或团队认领制。

重点关注、研发以下六大重点项目的校本化实施方案：素养课程目标链分解及学科学习目标撰写样例及普及；素养导向的学科大单元设计与实施案例开发与辅导；如何集智凝练学科大概念，提出与此相对应的关键核心问题及构建问题系统；学科实践活动如何在常态课堂实操层面落地；跨学科主题学习校本课程开发与实施；素养立意的课时、单元教学评一体化样本打磨及推广；等等。

课标修订理念落地需要先从聚焦课堂问题设计的质变抓起，多关注真实情境中的综合问题，即关注生活逻辑、真实问题，变做题为解决问题；多关注需要抽象、归纳、建模才能解决的问题，即关注高阶思维问题。课堂上要逐步减少教师预设的问题，有意识地增加学生感兴趣、自己提出的问题，即培养学生的问题意识，鼓励学生发现问题、提出问题；要减少封闭性、固定答案的问题，增加开放性、答案多元的问题；关注解决方案不确定问题，关注条件不完整问题；要减少过多的碎片化的"瘦"问题，整合或设计系统化的"胖"问题，即关注大概念、核心问题。在课堂上渗透"提出问题比单一解决问题更有价值"的提问题意识；一定要让孩子带着更高层次问题走出教室，即关注生成的新问题及探究；有条件的可提出跨学科整合研究问题，即关注多学科整合的综合问题。

从双基、三维目标叙述到渗透大概念、核心问题的视角叙述、落实素养目标要成为实践共识，要从关注目标设计转向更关注目标达成转型。威金斯所著《追求理解的教学设计》中关于目标设计的理解可迁移、多元转化：把学习目标与可检测量化达成指标分开写，即从关注理论素养目标到关注相应表现性目标设计；把目标分为基础目标、核心目标、拓展目标；重视学科总目标、级段目标、模块目标、单元目标、课时目标组成的目标链构建，关注以单元为单位的整体目标构建与素养达成，侧重从单元视角进行课时目标分解与统整。

倡导假期整本书备课、教研组单元备课、教师个人的课时备课要构成链条。学科核心素养落地要靠单元设计来实施。单元备课三层结构：第一层，明晰本章要学习的知识系统；第二层，提炼、理解这些知识背后隐藏的大概念、主干问题；第三层，定位到如何运用大概念解决问题，应用大概念。

为了使这次新课程、新课标学习、践行不再出现"肠梗阻"现象，笔者特从价值引领、内驱动、问题导向、资源推荐、学习研训方式转型、理念落地等六个维度，阐述了学校层面科学、高效贯彻学习新课程方案、新课标的六个关键策略，以期对基层学校有所借鉴、启迪。

新课标运用六大场景

课程标准，是学校教育教学宪法，是育人蓝图，具有准绳的作用。阅读课标—理解课标—践行课标，将成为新学期学校教科研新常态；新课程方案—新课标—新教材—新学案—新课堂—新考评，这"六新"构成了2022版新课标落地链条。做中学、用中学、行中知，是理解新课标精髓的有效途径。新课标理念落地需要抓手、载体，笔者主张引导、鼓励教师在如下六大场景中全方位落实新课标要求，助推新课标理念运用常态化。

维度一：从与新课标匹配的新教学常规落实，走"强制—互律—自律—习惯"的流程来推进，来实施。

场景一：制定新学期教学工作计划

教师个人新学期教学工作计划基本框架包含：教情、学情分析；教学进度表；整本书备课结果呈现——整本书思维导图；整本书教学重难点；提高教学质量的新举措；教研组组长审核意见。

新课标在上述环节中如何体现？

1. 在教情、学情分析中要增加核心素养阶段目标落实、学业质量是否达标内容。

2. 制定教学进度表时，建议要对照课标看内容增删变化与调整，以大概念统整的结构化单元来整合处理教材，在此基础上重新谋划、设定教学进度。

3. 在个人思考及团队教研基础上，用思维可视化工具——思维导图来呈现整本书备课情况时，课标中课程内容结构化框架可作为画思维导图重要参照。比如，语文学科就可以语文实践活动中的识字与写字、阅读与鉴赏、表达与交流、梳理与探究为主干去整理，也可以学科素养为主干进行，还可以任务群为主干进行设计。

4. 整本书教学重难点确定时，在依据学情前提下，务必让教师参照学段目标、课标内容要求、学业质量来确定。

5. 在撰写提高教学质量的新举措时，可以让教师围绕下列视角展开：新课标教学相关要求（教学提示、教学建议）；教参上的教学相关建议；上届优秀教师的经验、意见；基于学情、教情分析的个性化应对策略。

场景二：单元备课（单元学程案设计）

单元是落实学科核心素养的基本单位，大概念理解、掌握也是靠单元整体规划设计来实施的，先整体上单元备课再细分到课时备课。

提倡大单元教学，提倡围绕任务群、内容结构化来重构教材单元；提倡开展课标新模块、跨学科主题学习等新课型研究。

单元学程案基本框架：单元主题、课题；目标链构建与目标解读及达成；教材解读；学情分析；学程设计（情境、任务、问题、评价）；教学策略；课时划分；单元考评设计。

新课标在单元备课中如何落地？

1. 目标解读：构建"学科总目标—级段目标—年级目标—单元目标—课时目标"五级目标链条；理清学科总目标与级段目标、年级目标的关系，级段目标与单元目标的关系，单元目标与课时目标的关系；重点做好单元目标细化、分解。在此基础上确立要培养的技能、理解的大概念及能做什么。

2. 教材解读：在研读教材基础上，重点梳理三大关系：①册与册知识、概念结构之间的关系，知道前面学了什么，这一部分为后面什么服务的，即搞清知识、概念的来龙去脉，做到上挂下联；②课时与课时之间的关系，明确教材编写体例及设计意图；③知识点与知识点之间的关系，要画出单元思维导图及素养建构多维因子细目表。

3. 教学设计：一是对本单元教材结构进行详细梳理；二是目标达成设计，尤其注意对符合课标学业质量标准的新题型的搜集与研讨；三是关注课标中相关学段的教学提示、教学建议；四是从关注学科章节知识逻辑走向关注"基本问题—思维方式—具体思维模型"的学习逻辑、问题解决逻辑，关注本单元大概念形成及渗透的学科核心素养。

场景三：学习设计（课时设计）

变教学设计为学程设计，再提升为学习设计。学习设计，包括将知识放还到情境意义脉络中体现知识意义化的情境设计；学习中促进社会性参与的规则设计；提供内容、思维外显化载体的工具的设计。当然，首先应是目标设计。

如何用新课标指导课时备课？

1. 变三维目标为素养目标，对照学业质量标准去写目标达成指标及成功指标。

2. 以核心大概念提炼贯穿，去构建大概念问题化系统，即关注主干问题设计及问题系统构建。

3. 从情境点设计走向情境链设计，用一个大情境贯穿始终，不是仅仅课堂导入环节使用。

4. 关注课堂动态问题生成；重视目标、学习流程、评价任务一致性。

5. 从课堂小结、课堂整理提升到学后反思。侧重点在借助深度体验反思达成单元大概念所蕴含的学科核心素养，重心落在单元知识关联、转化上。

场景四：作业设计与命题设计

1. 关注高中招命题走向，研究小学非纸质化考试。
2. 依据学业质量标准命题（以标命题）。
3. 从知识、命题双向细目表变为多维细目表。
4. 从关注试题到试题近迁移，到关注大概念运用的远迁移。
5. 关注客观性试题评分标准变化。
6. 从能力到素养，重视试题复杂情境设计，重视非良构问题设计，重视设问设计。

维度二：在集智备课、校本教研专题活动中，引导、鼓励教师去解读、使用新课标。

场景五：依标创编案例、以标命题设计

主题活动一：创案例、析案例

学科实践活动、跨学科主题学习、教学评一体化、大概念统领下的大单元设计、课程结构化等新理念、新要求不是单单听听专家报告、研究研究新课标就会操作、实施的。学科典型案例创意设计与解读是行中知的有效载体，是新课标理念落地的有效抓手。

从操作层面看——

1. 课例选择：选择学科主题下的关键内容、新增加内容和有调整内容。

2. 教学设计与解读专题研讨基本框架。

第一步：思考欲破解问题，即设计研讨重点问题。

第二步：查找、列举课标的内容要求、学业要求、教学提示。

第三步：分析课例的教材起点、地位、作用。

第四步：制定符合课标精神、体现大概念的学习目标。

第五步：围绕目标，教学任务及评价同步设计。

第六步：让设计者在教研时重点解读该课例——过去怎么设计？现在怎么设计的？如何体现新课标要求？怎样实现教学评一体化的？同时还要重点谈作业设计，包括命题情境设计、任务设计、设问设

计、答案开放性等。最后对本案例进行总结,指出可借鉴、举一反三的地方。

第七步:同伴提问,质疑互动。

第八步:专家答疑,点拨升华。

3. 写课例、析课例、辩课例、改课例,在合作反思基础上变理念、要求为可落地的行动。

主题活动二:让教师出试卷,倒逼教师读教参、说课标

教师在阅读新课标、教材基础上,列出单元目标要求清单,依据学业质量标准尝试编制一份单元测试卷;然后说试卷编制立意、结构、涉及大概念、问题设计,尤其说为什么选、编这些题,理论依据是什么,即新课标对该知识点学习的总要求、级段要求是什么。

场景六:观议课

观议课要关注八个新维度:1. 用学科核心素养理念来评价学习目标制定,关注目标达成指标是否可测、具体、量化;2. 关注情境链的创设;3. 关注问题系统及学习方法指导(学习脚手架),关注借助大概念来落实学科素养;4. 关注是否从公共的自主、合作、探究走向学科特色实践活动;5. 关注检测题设计是否与学业质量标准、达标指标匹配;6. 关注是否从课后小结到课堂整理再到旨在体验感悟积淀素养的学后反思环节落实;7. 关注课堂动态生成;8. 关注教学评一体化落实。

新课标下课堂变革的四十个新思维

笔者在阅读、借鉴专家观点基础上，经过自我反思、感悟，重新厘定了新课标下课堂改革的四十个新思维，并逐一做了解读，与同行分享。

1. 课堂可以"预设"，绝不能"预演"。

天马行空无任何预设，生成就无抓手、铺垫，无着力点，生成就成了无源之水、无本之木。课前预设精彩，课堂生成才更精彩。预设是为了实现有导向、深度的生成，是教师教育智慧的体现，故需要大力提倡。而预演是一种过度彩排，会导致课堂虚假繁荣，课堂上学生目光是呆滞的，学生一言一行是被动的，学生成了表演道具，课堂缺少灵气、意外生成；预演是一种不道德教育行为，更重要的是这种弄虚作假做法，会对学生价值观养成产生负面影响，故预演、彩排后再上的公开课应该严格禁止。

2. 学生可成为教师"粉丝"，绝不能变为"课托"。

教师独特的人格魅力、高超的教学艺术等可能会让学生心生崇拜进而成为教师的铁杆粉丝。但教师绝不能为了让公开课出彩，提前安排哪个学生什么时间提什么问题,哪个学生从什么维度回答,哪个学生质疑,哪个学生拓展,甚至连说每一句话都有剧本。这种"课托"与社会上推销商品、药品的"商托""医托"有啥区别?当然也要引导学生不能为了讨好教师,猜教师想法、动机,专说教师想要的答案,表面上看这是在配合教师,本质上却是一种投机行为,是一种"伪善",无论学生被动当"课托"还是主动当"课托"皆当休也!

3. 学生"过错"不能"错过"。

可怕的不是学生犯错,而是教师错误地对待学生的错误。学生课堂上的过错是一种难得的生成性的宝贵教育资源,教师绝不能无视或错过这一教育契机,而要像特级教师华应龙那样践行"容错—融错—荣错"的化错教育,变"事故"为"故事"。留机会给学生犯错,不随意截断学生犯错的思维进程,使他们感觉自己有权利犯错,名师冯卫东的"错课观"及"鼓励、怂恿"学生犯错的观点值得提倡。

4. 课堂上学生"开心"还要"开窍"。

课堂上学生开心属于兴趣范畴,学生开窍则属于思维生长。一味让学生开心,忽视追求学生开窍,是课堂肤浅的表现。开窍后带来的是高层次开心,会变短暂兴趣为乐趣、志趣。

5. 变"参加"小组学习为"参与"小组学习。

参加小组学习犹如参加运动会一样,有些学生扮演的是看台上的看客角色,被边缘化,游离于讨论之外。而真正参与者犹如运动员参与了比赛项目,是真正参与、体验。这就要求小组成员有角色分工,不能组长一个人包办所有事务;有序发言、真诚倾听,有思维碰撞,讨论后要么改变观点,要么丰富观点,要么生成了新的观点,也就是说参与核心是思维参与,是思维前后有改变、有生长。故参与才是有效真合作。

6. 关注活动多少，更关注活动有效性。

一些教师格外关注课堂上活动设计频次，活动一个接一个，多沦为浅尝辄止，甚至成为表演，这种满堂乱、满堂跑的活动根本达不到预期效果目标，因此，关注活动多少，更要关注活动有效性。

7. 关注"高行为活动"，还要关注"高认知行为"。

想学属于高行为活动，学会需要高认知行为。发现学习、合作学习属于高行为活动组织形式，急需高认知行为去匹配，急需以创造性学习成果（产品）反转设计学程。

最有效的学习方式，是"创作式输出"。创作式输出，是一种主动学习方式，能兼顾"高认知行为"和"高行为活动"，是一种较为理想的主动学习方式。

8. 关注目标设计，还要关注目标达成。

你准备带学生到哪里去？你怎样带学生？学生到底去了没有？这教学三问暗含目标设计、目标实施、目标达成的教学评一体化理念。因此，在教学任务、活动设计前就要依据逆向设计原则，遵循课标质量评价指标，设计评估目标达成证据、评价标准，不能只关注目标设计，忽视或淡化目标的达成。

9. 课堂上要"看到学生"，还要"看懂学生"。

先解放学生，再发展学生；先欣赏学生，再研究学生；先信任学生，再评价学生；先发现学生，再成就学生。

研究儿童是教师组织教学的起点，是教师毕生最重要的课程。研究儿童重点研究什么？一是，研究儿童是如何学的。比如研究儿童记忆、理解、应用知识规律，研究定义、概念、公式、定理（律）是如何建构的，研究儿童的归纳思维、演绎思维、发散思维、聚焦思维、灵感直觉思维是怎样相互影响、相互递进的，研究儿童敏感期运用，等等。二是，研究儿童的心理发育。如研究孩子的情绪、性格、气质、兴趣、人际交往等；研究儿童自学、合作、探究的心理机制；研究嫉妒、男女接触过敏的成因；研究群体行为影响个体行为的心理机制等。三是，研究儿童习惯养成。如研究儿童各年龄段需养成的行为、生活、学习习惯；研究如何矫正儿童的不良习惯；研究如何培养孩子的规则意识；等等。四是研究儿童美育，关注儿童精神成长。如研究儿童求真、向善、尚美发展历程，研究儿童道德发展六阶段发展规律，研究自学、合学、展示环节对儿童精神成长的意义，等等。

教学没有差生，只有暂时没有读懂学生。读懂学生不是一句口号，指的是读懂学生原有知识基础，读懂学生学习方法，读懂学生生活、家庭、文化环境等。具体策略：从课堂前测中读懂学生；从目标解读中读懂学生；从课堂自学中读懂学生；从课堂合作中读懂学生；从课堂表情中读懂学生；从展示反馈中读懂学生；从追问质疑中读懂学生；从达标检测中读懂学生；从课后帮扶中读懂学生。

10. 关注"生活情境"，还要关注"生活应用"。

生活情境可以引导学生从生活走向学科，生活应用可以实现从学科再走向生活。生活情境是一种真实问题情境，能激发学生的求知欲望，而生活应用能帮助学生在远迁移中理解大概念，避免所学知识成为惰性知识，让学生感知到知识的价值。

11. 大单元教学中的"大"不能单纯理解为内容整合的大。

正如名师崔允漷所述，可以从四个方面把握"大"的含义：一是有高阶位的素养目标；二是采用同一目标多课时实施的方式；三是体现微课程建设，将目标、多个知识点、多课时、情境、活动、学生学习、教师指导和评价等组织成为一个课程；四是有明确的组织者作为单元"骨架"，常用的单元组织者有大观念、大问题和大任务三类。大单元意味着从学科逻辑、活动逻辑走向了学习逻辑。

12. 教透不能理解为知识层面教细、教深。

教透不能与知识层面教细、教深画等号；教透体现在学生明晰知识产生、发展的来龙去脉，学生对学科大概念有深度的个性化理解，学生对非良构问题，能够活用知识创造性地解决。

13. 课堂上教师要变原来在前头"铺路"为在后头"补路"，学生变原来在后头"走路"为到前头"探路"。

教师在前头铺路，是教师就学生在学习中可能遇到的问题、困惑提前做铺垫，仍属于包办、搀扶的思路，看着节省时间，实则剥夺了学生经历坎坷、自主探究的过程，这种学习路是走不稳的，也是走不远的。反过来，若先让学生自主探路，在学生思维山穷水尽无路可走时，教师补路，就有水到渠成的醒悟之效。

14. 课堂要从教师先教学，学生后仿学，变为学生先试学，教师后导学。

教师先举一个示范例子，给学生教明白，再出一个同类型例子，让学生仿学、仿练，离了教师学生还是不会学习，这就是所谓的"先教后学"，是课堂以教师为中心的体现，是一种灌输模式，培养的是模仿能力、知识迁移能力，而不是概念迁移能力。先学后教（导）表面看是教学顺序翻转了，实质上是课堂以学生为中心的体现，在自学、讨论、展示中学生学会了学习，掌握了许多一生用得着的社会技能，故是一种高价值、高效率的课堂。

15. 合作学习并不是自由随意交流。

合作学习并不是自由随意交流，而是为了完成共同任务，有明确责任分工的高效互动生成性交流。合作＝合＋作，消解合而不作、作而不合、合而乱作现象，强化有需求、有准备、有次序的生成性真合作。

16. 学习任务设计要兼顾学生智能公平，同一任务可以多元智能视角多元设计。

从教学设计走向学程设计、学习任务设计是一大进步，若能从不顾学生智能水平、公共的大一统的同一任务设计，走向开发学生多元智能的多元个性化设计会更好。这就要求教师，一则考虑任务设计、解决问题提示的层次性、多元化，是否在学生最近发展区，是否踮脚能跟上；一则考虑问题设计角度、答案表现形式是否照顾到了学生突出智能不同，是否让不同智能学生都愿意主动参与。

17. 尊重学生起点思维水平，更要引导思维发展；关注解法多元化，更要关注解法最优化。

因学生起点思维水平有差异，故同一问题解决途径有多种，有的笨、繁，有的巧、简；有的有局限性，有的具普遍性。不提倡学生喜欢哪种用哪种，而是要引导学生从低阶思维中跳出来，在原有起点基础上实现思维突破与发展，关注解法多元化，更关注解法最优化。

18. 减少教师搀扶式的纠错，让学生学会主动纠错、自己纠错。

引导学生独立思考原来错在哪儿了。是忘了什么、混淆了什么、忽略了什么，还是记错了什么？这个错误给你的核心提示是什么？（比如要注意审题、关注某个特定知识点等）这个题让你产生哪些联想？（比如同类型题的答题策略、这个知识点的前后延伸等。）

19. 课堂上要从迁就、迎合学生，对其低层次尊重、让其获得短暂快乐，走向对学生高层次尊重并让其获得真快乐。

课堂上教师一味迎合、迁就学生，讨好、无底线放纵学生，对学生是一种低层次尊重，甚至可以说是对尊重的一种亵渎，是不负责任的行为。

尊重学生要追求品位、等级。单就课堂上来说，尊重学生就必须保证他们能学到东西，学有所获；尊重学生就应该对他们有高期望值；尊重学生就应该为他们创建一个能让他们施展才华、自由成长的空间与平台。一句话，课堂上尊重学生，就要确保他们专心学习，尊重他人，从自身的学习经历中获取最大收益。

课堂上学生能听懂、能学会，即搞定学习，才会真快乐。学生也不傻，知道自己作为学生主业是求知，是学习。试想，学生对学习搞不定、拿不下，会真快乐吗？在主战场、主时空不快乐，会长久快乐吗？

总之，对学生高层次尊重，让学生真快乐才是为师之道，才是我们追求的境界。

20. 深度学习不能与讲解难题，直奔高阶思维、高通路迁移画等号。

虽然深度学习是针对浅层学习提出的，但倘若教师将两者完全割裂，只是片面强调高阶思维而忽视学生对知识的记忆和理解，其结果将是：一方面，学生并没有完全理解所学内容、基础不牢，低阶思维没有得到相应的发展；另一方面，学生的高阶思维因为失去了根基，成为无源之水、无本之木，难以真正得到发展。

关注深度学习、高阶思维没错，但基础学习、低阶思维训练也不能丢。同样，知识层面的模仿迁移也不能一味扬弃，因为它是概念层面高通路迁移的前提和基础。

21. 不能一味提倡学生用自己喜欢的方式学习，或许他学得很快乐，但不一定会提高学习的效果。

人都有自己喜欢的学习方式，使用这样的学习方式能够提高学习的愉悦感，学得比较顺手，但是，这并不能保证学习的效果。这就是说，采用自己擅长的学习方式并不一定能达到事半功倍的学习效果。

22. 课堂上忌孩子喜欢、有兴趣，但孩子无成长、无发展。

23. 课堂学习要从抄笔记到做笔记。

抄笔记只是简单地原封不动地克隆、拷贝课本上的某些内容或教师的讲义、板书、PPT等，内容本身的呈现形式或表述形式、结构等没有发生质和量的显著变化。总之，仅仅是知识搬家，缺少自我意义建构性质的同化顺应后的内化，缺少个性化深加工。

而做笔记不是简单地从课本或老师那里"完整地"抄写，而是在学习过程中对这些信息进行各种形式的加工创造或制作，比如，选择性摘抄，概括或补充完善，采用新的呈现方式以突出主旨和关键点之间的内在联系，等等，然后把这一思维成果写在笔记本上。做笔记还在于不看书、用自己的思路整理思维导图，用康奈尔笔记法进行二次深加工或消化。

若把课堂上记粗略笔记与课后带有复习、整理、内化性质的做笔记结合起来，效果会更好。

24. 课堂上教师是教学生"学不会的"而不是教学生"不会的"。

学生已经会的不讲，学生自己能够学会的不讲，学生通过合作讨论能解决的也不讲，讲了学生也不会的更不讲。总之，课堂上教师是教学生在发展区通过自学、合学仍"学不会的"而不是教发展区外学生"不会的"。

有种理论认为，人的能力都以"舒适区—拉伸区—困难区"的形式分布，想让学生高效成长，必须让其始终处于舒适区的边缘，贸然跨到困难区会让学生受挫，而始终停留在舒适区会让学生停滞。在困难区，容易因畏惧而逃避；在拉伸区即舒适区边缘，既有成就又有挑战，进步最快；在舒适区，容易因无聊而走神。

25. 课堂要去教师主导化而不是去教师化。

去教师主导化不等于去教师化。去教师主导化欲去掉的是对学习目标、学习问题、学习流程、学习结果的过度预设包办，旨在打造"四生"的生本课堂：目标动态生成，问题由学生自己提出、自己生成，学习方法自己选择，依据学习效果生成检测题。去教师主导化就是要去掉借助导学案控制学生思维，借助评价权控制话语权、道德制高权。去教师主导化就是教师要以平等中的首席参与学生学习活动，以心理教练身份参与到学习活动中。去教师主导化后教师的主要工作是赋予研究挖掘文本的知识、方法、思维等多元功能，增加学习内容的综合营养；核心工作是帮助学生建立自主学习的生态系统，让学生自然生长。

课改初期，矫枉过正，过分关注了学生在课堂中的作用，弱化了教师的地位、作用，尤其是教师专业素养在提升课堂高度方面的地位与作用。因此，有人就提出，重视教师专业素养提升，重视教师在课堂中不可替代的引领作用，是课改进入后半场的标志之一。

26. 课堂要以学习为中心而不是以学生为中心。

从遵循赫尔巴特的以教师为中心到响应杜威的以学生为中心，是课堂一次重大改革,从以学习者为中心再到以学习为中心提出,则是课堂改革又一次迭代升级,是一次课堂革命、学习革命,势必引领课堂改革新聚焦。

以教师为中心到以学生为中心,仍然是以"我"为中心,是对立思维,而以学习为中心,迎合了帕克·帕尔默的独到见解——构建以伟大事物为中心的教学共同体,突出解决问题这个中心,围绕问题中心不断转换,师生、生生之间实现了真实有效互动。

27. 课堂上放手而不是放纵、放羊。

在教师对课堂管控过死时,我们提倡课堂上要放手、放权、开放,但放手不等于放纵,不等于失控,放要有序、有向、有度。

28. 课堂上学生探究要体现学科特色深度探究,即学科实践活动,而不是泛泛走流程。

自主、合作、探究学习方式使传统死气沉沉的课堂动了起来,但由于课程内容缺少结构化处理,导致所学内容不适合探究或假探究、浅探究出现,另外还存在所有学科统一程序模式化探究。总之,自主合作探究的学习方式缺乏探究严谨性与学科典型性。

学科实践活动是在课程内容结构化处理后更适合探究前提下,追求体现学科性质、像专家一样思考的真探究、深度探究,即学科不同,所选探究思路、方式、方法甚至呈现结果也不同。

29. 从三维目标时代追求高效学习,走向素养时代追求高价值前提下的高效学习。

高效学习聚焦"如何让学生学得更加有效",体现在学习要合规律,重在效益、效果、效率,即效能上;高价值学习聚焦"为什么学习""为谁学习",体现在学习要合目的,侧重教育目的、育人目标达成。

从上述分析可知，高效学习不能与高价值学习画等号，当前高效学习中存在许多低价值学习，同样，低效学习也不一定是低价值学习。

高价值学习体现在学习目标高价值上，从过去关注知识、技能、方法目标掌握走向关注学科核心大概念、核心素养达成；体现在课程内容结构化上；体现在重视真实问题情境、挑战性任务背景下高阶思维、深度学习、学科实践活动等方法改革上；体现在大概念关联与远迁移为指标的学习结果上。

总之，学习首先要考虑学习目的，即价值选择，再考虑学习规律，即学习效能；高价值前提下的高效学习是新课标追求的理想结果。

30. 从三维目标时代旨在实现"教学合一"，走向素养时代旨在实现"教学做合一"。

关于教学做合一，陶行知先生的观点最为精辟："教学做是一件事不是三件事。我们要在做上教，在做上学。在做上教的是先生，在做上学的是学生。从先生对学生的关系说，做便是教；从学生对先生的关系说，做便是学。先生拿做来教，乃是真教；学生拿做来学，方是实学。"

"教学做合一"中的"做"就是新课标所倡导的学科实践活动。像专家一样思考，也可以说特指的是关注解决同类问题的思维、程序、方法、步骤。

31. 从三维目标时代旨在破解"满堂灌"问题，走向素养目标时代旨在破解"满堂问"问题。

不能从原来的满堂灌演变成满堂问，不能从口头问变成书面问。课堂上要围绕大概念设计实施核心问题，将核心问题设计成问题系统。

32. 从三维目标时代突出学习方式变革走向素养目标时代重在教学目标设计达成改革。

前者重心在学习方式改革，突出从传统的讲授学习到强化、提倡自主、合作、探究等新的学习方式转型，后者重心落到了育人目标实现达成上，落到了结果实现上。

33. 从三维目标时代进行单一的学习方式变革，走向素养目标时代推行课程内容结构化前提下的学习方式变革。

前者重课时设计，后者突出以大概念为结构单元的单元设计与课时设计，即要从偏重碎片化课时设计过渡到大概念统领的单元设计，教学设计重心从学程设计拓展到有学习支架、方法、策略、工具、量表等的多维的学习设计，学习结果要有整体作品或成果，可视化呈现。

34. 从三维目标时代强调全面知识理解的教学评一体化，走向素养目标时代以学业质量标准、大概念教学来落实素养的教学评一体化。

三维目标时代，虽然强调过程目标，但仅仅是知识目标更全面，仍然属于知识为本的教学评一体化，缺少对素养的关注。

核心素养时代，以学业质量标准为准绳落实学科素养的教学评一体化是教学评一体化进化后的3.0版。

35. 从三维目标时代对课标个性化理解的随意命题，走向素养目标时代强调在学业质量标准准绳下，多维目标取代双维目标的依标命题设计。

从过去教研员自行解读随意命题走向依据学业质量标准命题，知识、命题双向细目表变为多维细目表，关注大概念运用的远迁移，关注客观性试题评分标准变化，重视试题复杂情境设计、非良构问题设计、设问设计。

"核心价值金线"贯穿命题和评价的始终，"能力素养银线"成为命题和考查的重心，情境作为考查载体，串联起了两条线。命题呈现出"无价值，不入题；无思维，不命题；无情境，不成题"的典型特征。

36. 学习过程既要重视知识和技能的迁移，更要重视原理和态度的迁移；既要重视具体到具体的低通路、近迁移，更要重视大概念运用，即具体到抽象再到具体的高通路、远迁移。

迁移是有层级的，一类是知识、技能层面的模仿迁移，主要解决熟悉的、同类良构性问题，一类是大概念运用的创新迁移，可解决未见过的非良构性问题。

专家思维的核心特征是创新，而创新的机制是迁移。迁移是指把在一个情境中学到的东西迁移到新情境。戴维·珀金斯等照任务的相似性区分了两种迁移，当新任务与原任务相似时，称为"低通路迁移"；当新任务与原任务不相似时，称为"高通路迁移"。低通路迁移的路径是从具体到具体，因此，只能达成相似的具体与具体之间的简单关联，也就是"刷题"的逻辑。而高通路迁移的路径是从具体到抽象再到具体，因此能够形成复杂的认知结构。高通路迁移的这种路径指的就是"理解"。

37. 要从知识、方法维度的课堂小结、课堂整理，进化为关注大概念的思维的内化、关联、迁移的学后反思。

38. 教师的教育理念迭代升级：学科教学→学科课程→学科教育→人的教育→达成课标"三有"。

教师要从过去单一课堂意识提升到从课程、教育角度看教学，把课堂串成课程。

39. 学习驱动要从偏重点燃、激励、激发兴趣的外驱动，走向学生自我系统、元认识系统首先参与的内驱动，设计可操作的驱动性任务非常关键。

马扎诺提出，人的学习过程涉及三个主要的系统，即自我系统、元认知系统和认知系统，外加知识这一因素。学生面对一个新的学习任务的时候，首先由自我系统来判断任务的意义并决定投入的程度。在解决了动机问题并决定投入学习之后，学习者会依据已建立起来的元认知系统决定学习目标、方式和策略，然后运用认知系统中存储的具体认知技能去经历认知过程并完成学习任务。所有这些都基于学生已有的知识，包括信息、心智程序、心理动作程序三类不同的知识。在整个学习过程中，这三个系统与学生已有的知识不断地相互作用，获得相应的学习结果，包括获取新知识、增强学习动机、更新元认知体系、发展认知技能等。

教师的引导性问题可能包括了在课堂导入时的驱动性问题、统领本课的核心问题，以及为了解决这个核心问题而具体推进的系列问题。

驱动性问题是教师在课堂导入或某一个教学环节开始之时用于启动思考的问题，通常它需要具体的问题情境，以谋求与学生的经验产生联结，并能激发他们的兴趣、动机与自主学习的愿望。驱动性问题通常也是教师启发学生发现问题的关键。

40. 教师在课堂的角色要从单一施教者，变成学习任务设计者、学习过程调控者、学生学习的帮助者，即学习策划师、指导师。

新课堂呼唤师生角色新定位，从师生在课堂中的作用来看：学生不仅仅是课堂的消费者，还是课堂的贡献者；学生既接受知识又发现知识，学生既传承知识又创新知识。教师不再是课堂的主角，不再是知识的化身，不再仅仅是施教者，不再是课堂的控制者、唯一的评判者。新课堂上教师不要逞强，要示弱，要扮演课堂的组织者，学习的点燃者、唤醒者、激励者，困惑的点拨者，生命的点化者，是平等中的首席。

新课程方案实施与新课标理念落地呼唤课堂时空改革

在不少校长、教师看来,课堂等于在教室上课;一节课时长是固定的;一学年只能分两个学期;一个班的学生、小组是固定的,学习生活空间是固定的。若不打破这种惯性思维,新课标理念就很难落地,新课程方案就很难实施,由此可见课堂时空改革也要纳入改革范畴。

一、课堂时空改革依据

1. 新课程方案明确规定由学校依据校情制定校本化课程实施方案。

2. 新课程方案只规定 14 门学科在总课时中占比,而且比例是动态的。年级、学期学科课时数可动态调整。

3. 新课程方案并没有规定每节课时长,为弹性课时实施提供了可能。

4. 以大概念统领的大单元设计需要课时整合,跨学科主题学习、综合实践活动、劳动教育实践更需要配套的时空改革。

5. 历经新冠疫情，学生已逐步适应线上、线下两个时空学习转换。

6. 道尔顿制学习模式、自教育学习模式为时空改革提供了较好范例。

二、课堂时空改革思路

1. 学生学习时间可分为节假日、周末、工作日三个系列，分为学校、家庭、社区三个空间。

2. 一学期可分两个教学时段：公共学习时间，留二至三周开展自主或小组合作探究感兴趣主题时间，以及劳动基地劳动、社区服务时间。

3. 可采取 4+1 模式，每周留出一天时间开展学科主题或跨学科主题学习。

4. 一天可分为两段，一段为学生上课时间，一段为延时服务时间，后者是学生上社团课、参加喜欢的课程、自主支配时间。

5. 一节课划分为导学提示和学科实践活动两个时段。

6. 线上、线下教学时空融合，混合学习、翻转学习常态化。

7. 增设校内场馆、研学服务、劳动基地实践等时段。

8. 实施弹性课时，可长、可短、可连排。

9. 关注学生长达一百多天的节假日时间安排，弥补过去引领、指导的短板。

10. 统筹学校课程、家庭课程、社区课程时段划分与有效衔接。

三、课堂时空改革例举

1. 课堂时长新设计与组合

小学、中学一节课非得是固定时长吗？十分钟能算一节课吗？

课时改革起航扫描：有些学校尝试经典诵读、写字训练，10—15分钟一节课，俗称短课；有些学校实施美术课两节连排，保证学习完整性，俗称连排课；有些学校对难度比较大的知识模块也实行两节连上，一节预习讨论，一节点拨提升，俗称长课；有些学校围绕同一主题，跨学科整合，探索三节连排，让学生从美术、音乐、文学、历史等多维视角来全面系统认知、整合、建构知识，俗称混合课；有些学校为了减缓孩子疲劳，采取上午前两节40分钟，后两节为35分钟，俗称长短搭配；有些学校把每节课从40分钟压缩到35分钟，每天七节课累计就能节省出一节课时间，这样每周就多出五节课开设校本课程、班本课程，俗称"6+1"课时；有些学校为了更好落实学科研究性学习、综合实践活动，大胆规定每月某一天为综合实践活动日，学生参观、考查、调研、探究、分享、评价一气呵成，俗称学科学习日；有些学校出于楼道安全考虑，各年级错时下课、上课，俗称错时上下课。

典型案例：清华附小弹性课时。"基础课时"35分钟，主要安排数学、英语、体育等学科，教师带领学生精学精练；"大课时"60分钟，主要安排语文、美术、书法、音乐、科学等学科，使学生能够在更加充裕的时间里，开展自主、合作、探究学习；"小课时"10分钟或15分钟，如"晨诵"10分钟，中午"吟诵习字"15分钟等；"大课间"50分钟，每天上下午各一次，集中时间让学生开展健身活动。

2. 课堂空间新组合

（1）自习课上分区做作业

主要有三个区域：独立钻研区、合作讨论区、教师帮扶区。

（2）正课上的分区学习

教室划分成几个功能不一样的区域，一般可分为教师引导的传统讲授区、小组合作学习区、视频学习区等。不同区域，桌椅和教学用具的摆设完全不同。例如：在视频学习区，每个学生对着自己的电脑设备进行相关课程的学习；而在小组合作学习区，学生会围坐在几个大圆桌前进行讨论交流。这样的教室布置方便教师和学生在不同教学形式之间切换，为他们创造了一个自由开放的个性化课堂。

（3）构建新的学习社区——混龄成长生态群。

学习社区有两种形式，一种是不同班级构成混龄学习社区，一种是相同学科群构成社区。

北京中关村三小的经验值得借鉴：形成"班组群"和"校中校"。将教室空间变成住宅式的"三室一厅"的生活学习基地，三个房间中分别住着来自不同年级的三个班的同学，他们组成一个班组群。三间教室的墙壁都是可移动的隔断板，平时三个班级的学生在各自的教室里学习，根据课程内容的需要，随时可以打开隔断板，两个或三个班级自由组合在一起，开展多样的真实的学习。学校的基本空间单位，由单个班级转变为班组群，管理效能得到提升，各种教育关系也随之发生积极的变化——增加混龄交流，构成异质学习共同体。

此外，还有一些结构比较松散的混龄学习社区，其形式有：

混龄学习。比如让高年级学生一对一教刚入学的一年级学生做广播操，让高年级学生一对一辅导低年级小朋友绘声绘色讲一个故事、读一本书等。

混龄阅读。让不同年龄段孩子同学一种文本，彼此分享、交流。

混龄活动。学校组织混龄趣味运动会，团体项目要求每支参赛队伍的队员至少来自三个年级；开展交友周活动，要求必须交到三个不同年级的新朋友。

混龄生活。比如低、中、高年级小朋友住同一宿舍，让高年级孩子教会低年级孩子刷牙、叠被、穿衣等基本生活技能，帮扶有困难的小朋友。

混龄成长生态群这种新型学习社区为师生提供了便于认知自己、不同年龄段的同伴和团队，便于获得归属感的有意义的社会人文环境和合作学习的教育生态环境。

3. 时空同时变革的道尔顿学习制

核心要义：废除课堂教学课程表和年级制，代之以"公约"或"合同式"的学习；教室改为作业室或实验室，按学科的性质陈列参考用书和实验仪器；用"表格法"来了解学生进度，既增强学生学习的动力，亦可使学生的管理简单化。

4. 协作组性质组班

对于基础差异较大学科，可尝试协作组性质组班。

5. 学科教室、艺术教室、学科博物馆

充分发挥理化生等学科实验室作用，可将其改造为学科教室。

实行艺术工作室教学制，专人、专室、专业、专课。艺术教室就是老师的工作室，一人一个，由老师根据自己的专长，自主创意、自主设计、自主装饰，使之成为具有教师个性风采、与学生互动的平台。

有条件的学校还可建设专题或学科博物馆。它将是学生开展研究性学习的重要平台。

6. 网上小课题研究、综合实践活动小社区

学校借助校园网络平台向学生发布暑假综合实践活动事宜，小课

题或项目学习主题，并公布指导教师及相关资源。

对某个课题、项目学习感兴趣，可以跨班、跨年级甚至跨校组成研究小组，学生也可自聘或招募指导教师。

借助网络确定小组分工，通报进展，发布遇到的困惑，头脑风暴，寻求帮助，观点论证，成果发布，等等，让孩子找到志同道合的朋友正向浸润、感染，一同做事，快乐成长。

撰写此文旨在让校长、教师明晰学校课堂时空改革依据、思路、措施，打破惯性思维，用成长创新思维去谋划学校的课堂时空改革。

大单元教学设计的"研"侧重什么

大单元设计侧重于宏观,而课时设计侧重于微观;大单元设计侧重于课程思维,而课时设计侧重于学科教学思维;大单元设计侧重于"纵观森林",而课时设计侧重于"局部审美";大单元设计侧重于"这一类"怎么办,而课时设计侧重于"这一个"怎么办;大单元设计侧重于整体单元作业意图架构,而课时设计侧重过程性同步诊断。

正因为有上述诸多差异,因此,笔者认为:大单元教学设计的研与过去课时备课的研的侧重点有八点不同,具体如下:

1. 侧重于以大概念统领的具有微课程性质的学习单元建构的研

现有的教材是以主题、内容系统为单位组成单元,偏重于学科知识逻辑。在此背景下,如何构建微课程单元?学校需要集中备课组力量,立足于大概念,对教材进行重组、整合、学习资源补充拓展,实现教材内容结构化。遵从学习逻辑,更利于学习方式深度改革。

2. 侧重于单元大概念提炼的研

新课标的亮点之一,就是提出了学科大概念来统领结构化教学。但大概念毕竟是个新生事物,一线教师对其属性、本质及提炼视角、程序、方法、层级还不熟悉。拿语文学科来说，单元所侧重任务群不同，提炼的大概念肯定不同。综上所述，学科备课组需要深化对单元大概念提炼及大概念与学科小概念关系厘清的研。

3. 侧重于单元目标确立与表述的研

从三维目标升级为学科核心素养目标，对教师来说是一个挑战。

比如单元目标从哪些维度整合，从哪些角度撰写，学科不同单元目标用哪种形式表述更明了、易操作，如何将教学目标转化为学习目标，如何将单元目标科学分解为课时目标，等等，这些都需要研。

4. 侧重于单元学科实践活动的研

从学科探究走向学科实践，用学科方法学习学科知识，是新课标倡导的核心理念。

比如语文学科实践活动"识字与写字""阅读与鉴赏""表达与交流""梳理与探究"活动如何个性化设计，"文学阅读与创意表达"学习任务群，教师怎么细化设计阅读方法指引、阅读资源搜集、文本脉络梳理、人物形象评析、精彩语段品味、主题旨趣研究、学习成果分享等学习活动，这些都需要研究。同样数学的创设情境、发现问题、提出问题、分析问题、解决问题实践活动，英语的学习理解、应用实践、迁移创新实践活动，在单元内如何细化，等等，更需要研。

5. 侧重于跨学科实践活动资源开发与设计、实施的研

学科要拿出10%的课时来进行跨学科主题实践活动，这是新课标提出的一个新要求。那么，新课标所主张的跨学科实践活动如何根据校情组织实施、如何评估需要研，依附于一个单元、多个单元的跨学科主题活动开发，更需要研。

6. 侧重于单元核心问题设计，贯彻单元始终的大情境任务设计的研

怎样把单元大概念转化为单元核心探究问题，怎样围绕问题设计一个可视化大任务，虽然仁者见仁，但确实存在从多样化中筛选最优化问题，这就需要集智去解决。

7. 侧重于单元核心素养达成的研

核心素养目标是"教"不出来的，在大情境、大任务活动中才能积淀、提升素养，这就需要重视学后反思形成素养这个独特环节，需要引导学生进行知识内化与关联，更需要进行非良构新情境下的大概念远迁移运用，这是以往备课中所忽视的，因此需要研去突破、去实践。

8. 侧重于学习资源开发、学习脚手架搭建、用课程思维来统揽单元作业设计的研。

从教学设计走向了学程设计，新课标又要求从学程设计走向更宽广的学习设计，这就需要教师研究如何启动学生自我系统、元认知系统，进而启动认知系统，为学生筛选、提供有价值的资源，提供学习工具、思维工具、嵌入式评价参考量表等学习支架，需要教师站在课程视野进行单元作业开发，这些务实工作需要创新、需要研。

总之，课时设计的研决不能凭惯性思维迁移到大单元设计的研中去，单元设计的研要与课时设计的研有所区别，站位要更高。同时正视大单元设计中教师实实在在的困惑，困惑的消除需要专家引领，更需要备课组团队发挥群体智慧力量，让教师在研中感悟，在研中突破，在研中走出新路，在研中实现专业成长。

大单元学程设计与课时设计答疑

在一次大单元学程设计与课时设计研讨会上,笔者就教师现场提出的问题,进行了详细的解答。具体如下:

1. 如何确定单元学习主题?

单元学习主题,可重新拟定或沿用课本上的。

2. 单元学习目标与课时学习目标有何异同?

共同点是:行为主体都是学生,都有行为条件,如通过什么活动、任务、方法等学习哪些知识技能,理解什么大概念。即方法、知识技能、大概念、素养(解决问题)融为一体。

不同点是:单元学习目标是在理解大概念后面加上积淀什么素养;而课时学习目标是加上可解决什么问题,即能做什么(迁移运用)。不能把"培养数学三会""培养学生爱国主义情感"等宏观的教育目标当作课时学习目标,因为一节课根本达不成。

3. 学习目标与达成指标有何区别?

学习目标从课标学段(模块)目标中找,达成指标从课标学段学业质量评价指标中找。

学习目标可通过学段目标替换法与动词二级解读法再加上要求细化界定。达成指标是对目标中的要求进行量化、检测说明，即做到这些证明目标达成，即从表现中去评定。

4. 量规与量表有何不同？

只有评价指标的叫量表，有评价指标与每项达标说明的叫量规。正如《如何编制和使用量规》一书中所说：当前教学改革的一个趋势是用"教学评估"替代"教学评价"，重视教学评估的诊断性、形成性和鼓励性。同时，在教学评估中更多地倡导采用评估量规表单。量规是指依据教学目标来编写具体的评估要求，通过量化等级和质性描述的结合让课程标准、教学目标和检测试题之间建立起一种内在的联系。当外显的学业行为表现能够准确地表现预期的学习结果时，量规就是最好的教学评估方式。可以这样说：手中有量规，心里方向明，脚下行路稳。量规能够较为准确、便利地检查学生的高阶能力与素养养成程度。

5. 嵌入式评价与过程性评价是同义词吗？

嵌入式评价就是环节同步评价（过程评价、子任务评价、跟进式评价），如提问、观察、检测等，是过程性评价。

6. 一线普通教师如何实施教材整合？

教材整合的思路主要有三种：一是调换顺序，二是拓展内容；三是变换情境、例题、练习等。

7. 问题如何构成问题系统？

单元主干问题（任务）可以分解为课时问题（任务），课时问题（任务）又可分解为更细子问题（子任务），三者构成一个问题系统。

8. 问题、任务、活动、评价在教学设计时如何呈现？

用表格呈现效果更好。

9. 说单元作业设计、好题赏析重点说什么？

单元作业设计仅说设计原则、试题类型及与目标是如何照应的。好题赏析主要从情境设计、所考查大概念（知识点）、所考查思维类型（角度）、设问形式、答案呈现方式（评价角度、量规）说明。

10. 教学评一体化的内涵是什么？

教学评一体化是有层级的。宏观层面是指学习目标、整体达成指标、学习活动设计一体化；微观层面是指单项子任务、对应活动、嵌入式评价一致性。还指设计时明确各项作业分别是检测哪个目标的，各个学习模块、活动或任务是来落实哪个学习目标的。

11. 现在的教学设计与传统的教学设计在结构上的最大区别是什么？

从原来的"分—总"设计走向了现在的"总—分—总"设计。

12. 大单元教学设计推行分哪些阶段？

大单元教学设计要修改完善模板，让教师经历"照葫芦画葫芦、照葫芦画瓢、照葫芦画苹果"三个学习实践阶段。

13. 当前一线教师急需理解、消化哪些教学理论？

（1）韦布的 DOK 知识层级理论。

（2）比格斯学习质量 SOLO 分类理论。

前结构层次：找不到要点。单点结构层次：一种观点或资料类型。多点结构层次：多种观点或资料类型，但彼此不联系。关联性结构层次：理解了主题内的相互关联性，许多与主题相关的观点彼此间相互联系，也与其他相关概念相联系，核心仍是主题。抽象拓展层次：从原理的角度看待主题，既见林又见木，从全部重要视角出发去研究所有的重要证据，并接受不同证据之间的冲突和矛盾，能提出和检验各种不同的假设、解释和原则。根据课堂教学及学生认知规律，有专家架构起一个"五级"理解层次标准——

理解水平0：黑洞理解。特点：无法对与学习内容相关的任何问题做出回应。

理解水平一：经验性理解。属概要、分类。特点：结合已有知识储备去自主判断分析，自由概要，呈现不同类别的表征。

理解水平二：衍生性理解。属解释比较层级。特点：能解释不同形式的构图或表征，互相学习借鉴，能够判断原始的概念构图是否正确，会有补充和联想，形成多样的理解，会进行适当的比较，初步形成更丰富、更深入的认知。

理解水平三：结构化理解。属洞察、序化。特点：明确知识之间的联结，能够将学习内容进行横向关联和纵向融通，修正完善概念构图，深化对知识的理解，形成系统的知识结构，收获科学的学习方法或路径。

理解水平四：抽象性理解。属应用、创造。特点：借助修正好的、比较完善的概念构图，进行迁移应用，把新的知识结构与原有知识结构，甚至未知的知识联结，组成一个更高级、更具迁移性的认知结构。

（3）威金斯等的理解六维度。

格兰特．威金斯和杰伊．麦克泰从理解的维度出发，将理解分为六个方面，得到了学术界的广泛关注。

①能解释：通过归纳或推理，系统合理地解释现象、事实和数据；洞察事物间的联系并提供例证。

②能阐明：叙述有深度的故事；提供合适的转化；从历史或个人角度揭示观点和事件的含义；通过图片、趣闻、类比和模型等方式达

到理解的目的。

③能应用：在各种不同的真实情境中有效地使用和调整我们学到的知识。

④能洞察：批判性地看待、聆听观点；观其大局。

⑤能神入：能从他人认为古怪的、奇特的或难以置信的事物中发现价值；在先前直接经验的基础上进行敏锐的感知。

⑥能自知：显示元认知意识；察觉诸如个人风格、偏见、心理投射和思维习惯等促成或阻碍理解的因素；意识到我们不理解的内容；反思学习和经验的意义。

上海王天蓉博士团队在研究中大胆地假设一种人文问题的思索蓝图——感知：问题解读，体会表层意思。移情：深入问题情境，进入其他人情感和世界观内部。领悟：领会问题涉及的深层含义，说明、解说、转述，从而阐明某种意义、弦外之音。内省：在问题情境中悟出适于自我的人生哲理和永恒意义。评价：对问题情境中的事、人、物，批判性看待，具有极强的洞察力。审美：感悟问题情境中的事、人、物独特的魅力与美的意蕴。

（4）安德森等的知识多维细目表。

安德森等人，将知识分为事实性知识、概念性知识、程序性知识和元认知知识，结合识记、理解、应用、分析、评价、创造等知识认知程度构成多维细目表。即四个知识维度和六种认知水平构成了二十四个表征某一知识的某种掌握水平的教学目标。

韦伯的 DOK 知识层级、比格斯的学习质量 SOLO 分类、威金斯等的理解六维度、安德森等的知识多维细目表等理论对大单元目标、评价设计极有参考价值。

新课标背景下的好课堂长什么样子

新课标背景下的好课堂的 DNA 是什么？长什么样子？答案需要课改人从实践中去寻求。笔者认为，新课标实施阶段不同，好课堂的标准也不同，即好课堂的标准理应是动态的。同时，应该稍具有前瞻性、导向性，即发挥课改指挥棒作用，引导教师学习课标、理解课标、践行课标。

在新课标实施初期，笔者想从教学设计、课程实施、评价、课堂文化等维度对好课堂进行如下画像：

1. 呈现的是大单元整合的教学设计，单元课程内容经过结构化整合处理，将大概念、主干问题探究贯彻始终，课时之间是关联的，依标进行教与学，旨在让素养落地生根。

2. 依据课标分析、教材分析、学情分析，遵循一定方法科学、规范确定素养目标，并提前制定对应的素养达成指标，学段目标、年级目标、单元目标、课时目标构成了目标链。用学生易懂的语言呈现目标并解读目标，把目标达成作为任务活动设计核心，让目标成为课堂上的伟大事物。

3. 提炼出了单元层级的大概念,并建立了与之相关联的概念网;把大概念转化成了主干问题,并进行子问题分解,即问题构成了问题系统;围绕问题进行嵌入式同步评价设计。

4. 围绕驱动问题、核心问题并结合学科、单元特点,进行贯彻始终的真实而富有意义的学习大情境设计,即情境链创设。

5. 学习的设计与实施遵循学科与生活逻辑整合后的学习逻辑。课堂也遵循三个逻辑结构:学科内涵的逻辑结构,高阶思维、深度学习的逻辑结构,学生发展、素养达成的逻辑结构。体现高价值学习与高效率学习的有机统一。

6. 课堂上学习真实、主动、深度发生;课堂上学生像专家一样思考,能用符合学科特点的方法开展学科学习,减少、避免了课上假探究、浅探究、泛化探究;课时任务、对应活动、嵌入式评价构成了链条,学习方式与认知行为层级匹配。课堂上能以学习、问题解决为中心开展对话、互动,合作有成果输出;课堂上放手、给机会,尊重学生选择,内化规则、习惯,改变学生思维,多维理解大概念,积淀学科素养。

7. 借助深度体验反思感悟达成单元大概念所蕴含的学科核心素养。注重传统的课堂小结的整理、反思,又关注新课标下的知识关联、转化,既借助关联构建知识新系统,实现知识关联结构化,引导学生从元认知层面进行自我反思、正向反馈,同时又借助转化让学生品悟概念层面的迁移,实践利用大概念解决真实情境下的问题。

8. 教学设计与实施的全流程体现教学评一体化核心理念。表现在较高层面上为,达到两个一致性,即教学目标、学习内容、学习评价一致性，教师的教、学生的学、考评的一致性。

9. 很好地体现学科文化的特质，师生展现高规格的课堂素养，张扬高质量的生命状态。

好课堂里出故事，好课堂里出素养，好课堂里出精神，好课堂里出公民。

如何进行大单元说课

说课是指教师先把课备出来，然后在同行面前说设计思路及这样设计的依据，是一种非常有效的教研方式，对教师专业素养提升，尤其是对课标理念普及极有帮助。这次新课标修订，特别强调了学科核心素养达成，而核心素养达成需要围绕大概念进行单元重组，大单元学程设计与实施质量尤为重要，相应地，开展大单元说课就非常必要。然而，什么是大单元说课？大单元说课与课时说课有什么区别？大单元说课侧重点是什么？注意事项有哪些？大单元说课如何组织与评价？这些都是一线教师和教研组组长感到棘手或困惑的问题。

一、什么是大单元说课？

大单元说课，就是教师以脑科学、学习科学、教育学、心理学理论为依据，以新课程、新课标理念为指导，在大单元教学精心设计的基础上，借助教具、课件、板书等辅助手段向同行阐述某一单元的教学设计方案及设计依据，并回答同行寻问与质疑。

二、大单元说课与课时说课侧重点有什么不同？

课时说课侧重点：从单元、细节、微观视角说教材、学情；从单元目标解构视角说课时目标、理解性表现及达成指标；说驱动问题下的情境链创设；说本节课的主干问题设计及问题系统构建；说学习设计流程尤其是学科实践活动创意和实施；说主干问题研学突破及动态生成的应对策略，突出学习、思维过程可视化；说课堂若有时间研学的备份问题及模块；说思维的内化与迁移，尤其是学后反思中前后关联与概念的迁移；说板书、作业的创意设计；说是怎样落实教学评一体化的。

大单元说课侧重点应放在：说对课标的理解与解析；说教材结构关联与整合；多维度说学情及应对策略；说单元素养目标及细化的检测指标；说是怎样确立单元大概念的；说单元设计的核心任务及任务的课时分解；说课时任务、对应活动、嵌入式评价匹配一致性；说对单元学习策略的思考；说可提供的课内外学习资源；说单元作业设计理念并举例进行试题赏析；说多维细目表及单元思维导图构建。概括起来说，单元说课内容可分三大模块：单元备课前课标、教材、学情三分析；素养目标、达成指标、单元大概念、核心问题构成目标链；单元学习设计，包括课时分解后的课时问题、任务、活动设计、嵌入式评价多维结构链，思维的内化与迁移；单元作业创意设计；辅助学习资源提供，工具、量表设计。

三、大单元说课各模块说课要点有哪些？

1. 课标解析：对课标中的学习内容、学习建议、评价要求等，借助一定工具方法进行有创意、有高度的解析，重点谈对相关要求的解读及相关条款的细化、分解，如依据课标中关键动词、名词匹配的拆解取向进行解读，若能讲清楚是如何构建单元、落实相关核心素养框架图的会更好。

2. 教材分析：重点讲清楚内容之间是如何上挂下联以及怎样围绕大概念重构、重组单元内容的。重点说明白如下问题：册与册相应内容之间的关系，不同教材版本内容呈现分析，单元整合思路，整合后课时与课时之间的关系，即重构后课程内容结构化系统框架。

3. 学情分析：重点可放在学习本单元学生的已有知识、经验、技能、思维优劣势，学生对本单元的前理解、负迁移、困难处、关键点及学习深度。具体可以思考以下问题：学生已有的认知基础是什么？认知水平如何？通过本单元的学习，学生在哪些方面获得发展？学生有没有与本单元知识相关的生活经验？情况如何？学生学习本单元知识可能会遇到的困难是什么？用什么方法帮助学生突破难点？学生自己阅读本单元知识会产生哪些疑问？哪些内容自己能够学会？哪些内容可以通过同伴讨论学会？哪些地方需要教师点拨引导甚至讲解？学生喜欢怎样的情境？学生喜欢怎样的学习方式？要注意在单元学情分析中增加学生相关学习、学业质量是否达标分析。

4. 单元素养目标及达成指标：重点放在选用何种素养目标表述方式及条目；讲明白理解性表现、达成指标与素养目标是怎样匹配的？若能说出课堂上准备选用哪种方法、情境能更好地向学生陈述学习目标便于学生理解会更好。

5. 单元大概念：重点放在说提炼出的单元大概念及依据、方法是什么。

6. 学程设计——主干问题、核心任务、子任务、活动、评价链条构建：说是怎样将大概念转化为主干问题的；主干问题又分解成了哪些相关子问题；围绕问题如何进行任务、活动、评价设计。若能用表格形式呈现并解说效果会更好。

7. 提供学习资源：重点放在为配合大单元教学及目标达成，为学生提供了哪些学习、思维工具，搭建了哪些脚手架，开发了哪些量规、学案。当然也包括提供课外拓展资料。

8. 学习策略：围绕大单元学程设计说学习策略建议。

9. 辅助部分：单元作业设计、多维细目标、思维导图。重点放在单元作业设计原则及典型创意，可举例进行原创题赏析；展示多维细目表及思维导图。

四、大单元说课注意事项有哪些？

1. 备好大单元学程案是大单元说课的基础和前提。学习新课标，明晰素养目标、大概念、学科实践活动、学习逻辑、课程内容、思维、认知结构化、主干问题、学程设计、学习脚手架、教学评一体化这些新提法，掌握大单元教学设计的基本理念、框架，认真钻研教材、教参，多维度分析学情，才能备好符合新课标要求的单元教学案，在此基础上进行大单元说课才有根基、底气。

2. 认真撰写说课稿，精心制作说课课件。写说课稿的过程也是对自己的思维进行梳理、外化的过程，务必要注意说课课件不能与上课课件混淆，建议每个环节页面分内容、依据两部分，即关注"是什么"与"为什么"。

3. 明晰说课与微型课的区别，明晰大单元说课与课时说课的异同。说课是对教学设计的分析,讲课是对教学设计的实施。说课重在阐述说明,讲课重在讲述、解疑。说课的对象是教师或教研人员,讲课的对象则是学生。说课属于教学研究范畴,讲课属于课堂教学范畴。上课强调感性思维;说课则强调理性思维,为什么这样设计,而没有那样设计,说出自己思考了什么,而非做了什么。正如一个专家所述,说目标核心定位如下:本单元想达到什么样的素养目标(想做什么)?再细化为:确定这一单元目标的依据是什么?如何表述这一单元的目标?这个目标是一个什么样的目标?它的实质性内容是什么?它的特点是什么?这个目标不是什么(说清楚与跟它相近的目标的区别,以免产生误会)?又比如说学习策略,就定位于:使用什么学习策略来达到这一目标(是怎么做的)?再细化为:使用的这个策略叫什么?这个策略是一个什么样的策略?它是什么性质的?它有什么特点?为什么要使用这个策略?使用这个策略是想达到什么目标?这个策略为什么是最好、最适宜的?使用这个策略上课的要领是什么?我做得怎么样?我对自己有什么评价?又比如说板书设计时:采用了哪种类型的板书设计?这样设计有什么好处?

4. 说课依据的教育理念、理论不应是陈旧、过时的,理应是恰当、科学的,内容、理念有机融合。要紧靠新课程、新课标具体要求来说课。同时单元学程设计要迭代升级:变三维目标为素养目标,变教学目标为学习目标,变学程设计为学习设计,变内容组织为围绕大概念重构单元,变公共单一探究为体现学科特色的学科实践活动,变量表设计为量规设计,变正向设计为逆向设计。

5. 说课时重视对设计路径方法梳理。比如对教材可以先进行"梳理式"研读,初步把握教材的基本内容及编排线索,再有重点地采用"追问式""联系性""换角度""延伸性"等方式深度研读教材,也可遵循"知识线—教学线—学习线—认知线"的基本顺序进行教材分析。

6. 遵循说课比赛基本规范。如:脱稿,有说课课件;采取"总—分—总"结构;借助肢体语言助说;借助教具、学具、板书助说;有详有略;对于单元设计的特色、亮点重点说;切记与微型课的区别,重在说为什么这样设计、这样上;依据要多元,包括但不限于教育学、心理学、脑科学、学习科学、课改理念、新课标要求等;忌理论虚、空、大,忌设计与理论两张皮;更重要的是要守时。

大单元说课是一种新生事物,是校本教研的一种有效载体,急需专业研讨与交流,撰写此文旨在抛砖引玉,引起同行研究者关注,让大单元说课更完善,发挥更大作用。

大单元教学怎样观议课

一、大单元教学观议课提出背景

新课程方案、新课标,突出了立德树人、学科素养的立意。核心素养养成一节课是不能实现的,故提出了大情景、大项目、大任务、大概念为特征的大单元教学,即围绕一个大概念整合构建一个微课程单元,在用素养、展示素养过程中提升、培养新的素养。单元将成为素养落地的一个课程教学单位。教学设计与实施也将构建"纵观森林—局部审美—植新树造新林"的新链条,从碎片化的以节为单位的课时教学设计与实施,走向内容结构化后的大概念统领的大单元系统建构。可见,大单元教学将会成为义务教育阶段课堂教学新样态。教学样态发生了质的变化,为之服务的观议课随之也将发生变化,将从仅单一关注课时观议课进化到重点关注大单元教学观议课。

二、大单元教学带来观议课困境

当前,从学校教务主任、教研组组长、学科备课组组长到一线教师，对课时观议课已形成惯性思维，对观议课形式、目的、考评等轻车熟路，如今，从课时教学升级到大单元教学，不仅仅是在大单元教学设计方面存在困难，同时在大单元教学背景下如何有效观议课校本教研也出现了不知如何科学应对的问题。

具体表现在：大单元教学观议课与课时观议课目标定位一样吗？观议课侧重点有什么不同？观议课如何重新设计创意？现实中很少有教师能连续听完一整个单元的课，单听的一两节课多属单元的一个片段、环节，因而对整体设计不太明晰，观课有点看不懂，议课不知道说什么。通俗地说就是：不好组织，教师不愿上研讨课、听不完整、观不明白、议题不聚焦，观议课收获不大。

当前，急需破解的是大单元教学观议课如何有效组织与实施，即大单元教学观议课形式创新。

三、大单元教学观议课形式研究

面对上述棘手的现实问题，郑州晨钟教科所的研究员深扎一线教学现场，通过"提出假设—实验验证—完善优化""发现典型做法—提炼经验—理论解释—推广完善"两条路径，在大单元观议课形式创新方面，摸索出了以下十个举措。

举措1：发放单元设计学案、观议课说明卡

为了破解观课教师对大单元整体教学设计缺乏系统了解，对单元学程进度缺少整体感知，对欲突破的单元大概念、核心问题缺少了解，等等问题，可在观课前为教师发放单元设计学案及观议课说明卡。

观议课说明卡内容包括：大单元课例设计导读（单元教学设计简

化版），突出单元整合理念概述、单元素养目标与课时目标分解、主干问题及问题系统、单元课型安排、进展程度等；执教教师研究取向，欲解决问题、创新点等。

举措2：翻转观议课

以往教师多先观课再议课，我们称之为常态观议课。大单元教学背景下不妨尝试议课在先、观课在后的翻转观议课。

教研组或参加大单元教学观议课的教师先要参与大单元教学设计方案研讨，针对方案目标、大概念、主干问题、驱动任务、学程设计、评价、作业设计等逐环节提出多元可能性，当然每次也可专攻一至两个点，找出局部最优解；提出单元观课周概念，教师可随机观一节课，因观课教师前面参与，能随时融入某节观课中，最后再组织假设验证议课，这样就形成了"议课—观课—议课"新结构。

举措3：提供录制视频

将整个单元系统实施的若干节课录成视频，让教师利用闲暇时间观看，同步记录自己的思与问；然后集中时间进行议课，也可将议课发言上传，专家点评也上传，最后形成一个观议课资源包，教师感觉有用的内容可下载打印。

举措4：集中观议课

设立观议课亚单元或学科观议课周，同时各年级错时设立学生自主学习周。为教师提供整段时间，减少观议课频次，集中、完整观议课。这涉及学校课程统筹和打破传统教学安排，但教师能全程现场参与。观议课现场感是非常重要的，这种观议课决不能缺席。

举措5：大单元课型观议课

大单元教学系列课型包含：单元导读课、单元探究课、单元拓展运用课、单元整理课、跨学科实践课。教研组可系统有序安排，在某一时段，集中对大单元某一课型、环节进行观议课，经过一段时间，就形成了一个大单元观议课群。

举措6：说课嫁接观议课

在教师进行观议课前，利用大课间半个小时时间由执教教师集中对大单元设计理念、学程课时安排做统一说明，尤其是前面已进行了什么，本节课要进行什么，后一节课又要干什么，要详细说明，让观课教师有个整体感知，并能及时融入本节观课中。这种方式非常适用于当下，也是一种常规手段。

举措7：大单元学程、问题切片

教研组可针对大单元学程某一环节、某一共性问题要求教师同课异构，教研组组长或备课组组长从上述课中选择有代表性的实施案例剪辑成观课切片，先集中微格线上观课，然后再集中议课，达成共识、解决问题、生发出多种可能性，让教师对某一专题有认知，有新收获。

举措8：分工合作

大教研组分成若干个两至三人的观议课合作组，针对大单元教学课时安排，依据各自时间，进行现场观课，并及时与所在小组成员分享、交流，这样小组成员也可对这个大单元有个整体认知。然后以观课小组为单位再进行大组内议课交流。

举措9：主辅协同

建议学校统一设立跨学科实践活动学习周，集中开展跨学科实践活动观议课。可以教研组主导，负责组织、主持、记录等工作，邀请所跨学科优秀教师参与，形成主辅协同观议课新机制。

举措10：系统反思总结

要求教师树立如下自觉意识、习惯：每次参加有专业引领价值的观议课后，一定要作一小结，说说本次观议课对自己触动最大或让自己突然顿悟的地方，即事后深度反思；学期结束时，要对自己的观议课记录及深度反思进行专题梳理，在此基础上写一个观议课成长小结（或观课报告）。目的是让教师把现场碎片化思考、事后二次思考、过一段时间后"触景"引发的顿悟思考及阶段性思考贯通起来，以学期为单位，系统反思观议课。

上述创意核心关注点，与对观议课颇有研究的陈大伟先生的观点不谋而合：注意对大单元教学设计方案的研究（对课案的观察和研究）；给观课者提供大单元设计方案，基于大单元设计方案进行单课时观察；观课前授课教师做基于大单元教学的说明；议课时增加大单元教学的视角。

四、对大单元教学观议课的理性思考

1. 大单元教学观议课是个新生事物，急需专家理论引领；同时也更需要对一线教师的创意实践进行提炼总结，生成有生命力的推广方案。

2. 学校大单元教学观议课设计主要有两个思路，一是从课堂中随时发现有价值的问题到议课时进行研讨；二是对教师困惑问题进行预设，到现场开展行动研究。

3. 大单元教学观议课与课时观议课的侧重点有什么不同？大单元教学观议课手册如何系统设计？观议课效果如何考评？跨学科实践活动观议课如何有效组织？大单元教学观议课的目标、意义需要重新建构吗？这些随新课标理念变化产生的问题，理应成为观议课研究的焦点问题。

4. 对学校、教研组的探索，教研员不要戴着有色眼镜去看，要有包容心态，要有积极倾听、交流、发现、帮其提升的意识。同时，各学校也要意识到适合自己学校、学科的才是最好的，不存在万能大单元教学观议课模板，拿来的东西也要结合校情进行改造，否则会有水土不服现象发生。

5. 提倡自发建立校际大单元教学观议课联盟，开展跨学校有"杂交"优势的观议课主题活动。

6. 教科所应推出大单元教学观议课相关课题研究，及时开展经验分享交流。

总之，"坐在办公室碰到的都是问题，深入基层看到的全是办法"，要赋能学校自组织，它能产生意想不到的创新力。上述十种大单元教学观议课新举措、新办法，可能是初级阶段最优解之一，有待完善、提升为整体最优解之一，改革、研讨永远在路上。

如何对团队观议课质量进行考评

学校如何进行优秀教研组评选

建议拟定如下指标：1. 集体备课质量；2. 观议课质量；3. 在优质课比赛、"一师一优课、一课一名师"等活动中获奖人数、级别；4. 承担的小课题数量、级别及参与人数；5. 大单元背景下单元、课时两案撰写质量；6. 作业设计，尤其是符合新课标理念的原始题设计与解说比赛名次；7. 学期教研组共读一本书分享，尤其是学以致用效果；8. 学科年级在区质量调研中位次及班级分差控制在规定范围内；9. 团建活动水平与层级；10. 新课堂常规整体执行情况；11. 学科课堂样态研发实践、学科实践活动及跨学科实践活动探索；12. 学科年级组题库、备课资源库建设；13. 学科年级教研计划、总结、试卷分析、课题资料等档案建设与使用；14. 其他能证明成果的加分项。

这十四项采取动态抽查方式，依据一定权重、分值进行考评，在此基础上评定优秀教研组。

如何对团队观议课质量进行考评

一、前期准备与常态观议课有效实施

1. 研发了体现新课标理念的观课记录表

观课记录表设计借鉴了三大理念：陈大伟教授的观议课主张，上海陈静静博士的焦点学生的学情观察，崔允漷教授的课堂观察与诊断。同时又关注了观课过程中动态生成及灵感、感悟记录。

观课记录表使用概述：

（1）预设观课目标、观察角度选择

观课目标包括教材处理、教学流程（学程设计）、合作学习策略运用、课堂模式、主干问题设计与问题系统构建与实施、目标达成等，可选择自己感兴趣的模块，重点观察记录。

观察角度是重点观察教师，还是观察学生？学生又可分为观察组组长、优秀生、中等生、学困生。

（2）记录的四大维度

①教学目标及教学流程设计。看教师陈述的是教学目标、学习目标，还是素养目标。归纳概括出该教师设计的教学流程或实施课堂模式的基本环节、步骤。

②典型环节、细节、事例。对自己感兴趣的、认为有研讨价值的典型环节、细节、事例进行重点记录、录音（像）、拍照。

③学情观察、课堂文化观察、目标达成度检测。学情观察：观察焦点学生学习历程，记录关键事件，可从时间、微姿态、表情推断学习进程。课堂文化观察：对民主、平等、安全、容错、责任等课堂新

文化是否落地进行评估。目标达成度检测：可依据学生学习单填写或出题检测本组学生目标达成度。

④关键环节点评及现场观课灵感。引起触动的环节及时点评；观课时稍纵即逝的思维火花、灵感及时记录下来。

（3）课件制作及呈现、学科教学基本功。对授课教师课件制作水平、电子白板恰当使用、教师教学基本功给予评价。

（4）观课心得、对本节课的评价。观课心得：填写观课后的收获。对本节课的评价：对本节课优缺点做出恰当评价。

2. 拟定了议课基本流程及规则

三议一反馈：议课、议学、议文化及直接反馈学情。

当前议课环节是存在一些问题的，主要有：一是讲优点的多，讲缺点的少，浅层次谈的多，深层次谈的少，不利于执教教师课后反思；二是重复别人观点的多，讲出新意的少，浪费时间，效率低下；三是从开始到结束，当"哑巴"的多，发言的少。

为此，笔者推荐"3+1"议课方式：说一个优点和三个缺点、不足、建议或自己的三个困惑；要求与会教师人人发言，且不能重复别人的观点，若超过十人，可抽签发言。

议课流程（设立议课主持人，主持议课）：①到会议室后，观课教师先整理观课记录，撰写议课发言提纲（第一次反思）。——从原来的即兴发言，到现在有准备的发言。②学情观察员汇报学情观察、课堂文化观察及学习目标达成反馈。汇报学情时只讲述事件、事实，阐明自己的发现，如没有机会展示的小组精彩观点，当然也可反思自己的课堂是否存在类似现象。③自我反思——执教教师谈体会，围绕设计理念、成功地方、遗憾地方及改进策略谈。④学伴互助——听课教师"3+1"议课；学生代表议课。⑤专家引领——归纳、提升。概括共识，罗列有争议的观点；对现象进行理论解读；指明下阶段研究方向、重点、策略等。⑥二次反思，二次上课。

此外，还包括：①向学生反馈及学法培训。学情观察员把学情汇总后，派代表及时到班里向学生反馈，并就薄弱环节进行专题指导。②教师后续学习资源链接。可向教师推荐课后深度学习的书目、资料。

二、团队观议课考核实施

1. 制定团队观议课考核表

可借鉴陈大伟教授的观议课理论，结合学校实际，拟定教研组观议课考核表。要包括五个核心考核维度：授课教师的状态（15分）；观议课的氛围及成员的状态（20分）；议课的内容（25分）；议课的效果（25分）；主持人的调控和效果（15分）。还可增设特色加分项（5分）。

2. 协商拟定每个项目考核细则

授课教师的状态：①授课教师带着要研究的问题上原生态的课；②授课教师课堂常规落实到位；③授课教师能简要说清楚本节课的设计理念、自认为成功和遗憾的地方，尤其是提出自己困惑的问题。

观议课的氛围及成员的状态：①成员深入小组进行学情观察；②议课时，彼此尊重，民主平等；③议课时，人人都准备了高质量有理有据的发言稿，忌无准备的即兴发言；④观议课记录规范完整。

议课的内容：①以学论教，有学情观察说明；②有对观察小组学习效果达成的说明；③重在指出存在的问题及解决对策，重在研讨可能性，重在完善、优化教师方案；④有提问质疑，有互动答疑。

议课的效果：①授课教师在理论实践方面有收获；②备课组组长的点拨、升华，让全体组员受益；③产生了环节或整体改进、优化的方案。

主持人的调控和效果：①依照议课程序，有序推进；②善于调控议课的氛围，能串联引发有价值的讨论；③实时进行总结提炼。

3. 组织组长、评委参与的观议课考核目的、作用、流程的说明会

（1）考核目的：各教研组之间分享交流，互相取长补短。

（2）向组长详细说明考评表细则，对不理解的地方进行答疑。

（3）进行一次模拟考评，修改、完善评分细节及把握尺度。

（4）借此机会对学科备课组组长进行如下引领：议课时要放下姿态，尊重授课与听课教师，不要以专家自居，要平等协商。①点评时要有理有据地表达自己的观点：观点是什么？课堂观察到的证据是什么？②议课发言时忌用自己的标准评价，要成全和成就授课教师有价值的想法。③点评时要对本次议课达成的共识进行提炼总结，对争论问题进行归纳梳理。④谈论问题对策时，要告知教师这仅仅是一种思路，或许还有更好的，要告知教师自己的思考是否经过实践验证；等等。⑤发言尽量能为教师开阔视野，让教师听后有触动、有收获，并产生新的想法；同时表达自己的态度——私愿与教师单独交流或深度沟通。

4. 沟通制定现场观议课考评时间表。

三、引导年级学科教研组深度反思,制定整改、优化方案

1. 组织备课组组长开展观议课考评交流会。要求说出别的教研组一个优点,指出一个缺点、不足或需要改进的地方,在此基础上整理、下发优缺点反馈表。

2. 要求备课组组长及时召开专题教研会议,分享其他组好的经验和做法,与组员一道优化、完善方案。

3. 对学科优秀观议课小组进行表彰。

第四篇 课标落地创意实践

容错文化在新课堂如何落地

"在课堂上,正确的可能只是模仿,但是错误的一定是创新。"特级教师华应龙如是说。他倡导并实践"容错—融错—荣错"的化错教育,变"事故"为"故事",鼓励学生大胆质疑,培养学生直面错误、超越错误的求真人格,这是容错文化落地的一个典范。

孩子没有机会亲身尝试错误,没有思维经历,没有机会去体验、实践,一切都是现成的,我们对待孩子可以说是在"犯罪"。允许学生出错,容忍学生出错,就是尊重学生的劳动。可怕的不是学生犯错,而是教师错误地对待学生的错误。这是北京名校长李志欣容错文化方面的主张。

名师冯卫东的"错课观"及"鼓励、怂恿"学生犯错的观点更振聋发聩:无错之课即"错课",留机会给学生犯错,不随意截断学生犯错的思维"进程",使他们感觉自己有权利犯错。

在笔者看来,实施合作学习、实践学习共同体等的课改学校,在新课堂上更需要打造容错文化,那么容错文化在新课堂上如何才能真正落地呢?

一、提高认识，营造容错文化的课堂心理环境场

师生容错文化理念的建立先要从提高认识、习惯培养及营造环境方面着手：

课堂上学生敢于说出自己的真实想法、看法；学困生丝毫没有顾忌、毫不隐瞒、自在自然、公开说出"我不会、我不懂"应成为常态。也就是说，让所有学生，尤其是学困生内心产生安全感。

课堂上教师不是以"害怕、失望、不耐烦、惹麻烦"心态去对待学生出错，而是以"寻常、理所应当，甚至尊重、兴奋、期待"心态对待学生错误；更高一层是教师鼓励、留机会让学生犯错。

课堂上当学生卡壳或发言断断续续时，其他学生和教师不插嘴、不打断，并且给以鼓励眼神或手势，让该生深度思考，实现思维打通和进阶，享受突破思维瓶颈后的成功体验。

课堂上，对待答案，教师要定位到追求多元、个性、创意答案，而不是正确答案、标准答案；对待每个学生发言，都要秉持兴奋、好奇、专注、思考等积极倾听状态。

小组讨论时认真倾听每一个学生的发言，思考他这样想或推理的道理、依据；展示时学困生优先，展错不展对。

教师对待学生错误，不能错误归因或外部归因。比如学生理解出了问题或题做错时，要认识到多数不是因为注意力不集中或不认真学习，而是教师自身没有说明白或学生需要重复学习。

不为刻意赶进度有意回避学生错误，不追求顺畅、完美的课；反而，要树立"无错之课即'错课'"的新评课观。

总之，要引导师生改变对犯错的认识，树立容错、融错、荣错的

新意识，认识到犯错是一种权利，把错误当成一种资源，看成一种积极、有效的学习方式。

二、改变认知，构建容错教学流程链

笔者近期在观摩中小学合作学习课堂时发现，在合学讨论、展示分享时存在这样的共性问题：

一是重纠错，忽视改错。表现在学生发言时，一有思维停顿、卡壳、回答不完整或说错时，其余学生急忙站起，大声喊道"我纠错、我质疑、我补充"……这种做法是有待商榷的，学生说话时断时续，正是在打通思维或思维完善、优化、提升的关键处，也是深度学习发生时，我们鼓励给同伴纠错，但也要学会等待，让学生自我纠错，若真是需要他人纠错，可在他人纠错后，让孩子再把正确观点重述一遍，即改错。简单地说，就是在他人纠错后，本人主动把正确观点再重述一遍，便于强化、巩固。改错、纠错同等重要！容错—自我纠错—互相纠错—改错，才构成完整容错教学流程链。

三、向名师名家学习课堂习惯用语，倡导使用容错文化的"口头禅"

道格·莱莫夫的容错文化的口头禅值得推崇，现列举如下：

大胆去做吧，做错了可以改。

做错了没有关系，重要的是认真！

教室就是出错的地方，你们有权利做错！

它其实只是不够正确，而不是错！

还有别的答案吗？

想到什么就说，说来听听好吗？

把你的真实想法大胆说出来！

我很高兴你犯了那个错误，帮助你也是在帮助我自己。

错误答案真的有价值，因为我们可以在犯错中学习。

你们觉得哪个选项是我最喜欢的错误答案？

（学生指出教师的错误后）哦，你们都发现了我所犯的多处错误，非常棒！

关于这道题的四个选项，我不想一开始就问大家哪个是正确答案，我关注的是各位作何解释。

我看到几位学生选择 X，有几位选了 Y。你们如何为自己的选择辩解呢？

我听到有人赞成，有人反对。下面开始讨论。请准备为自己的答案辩解。

这个问题人们已经争论了几百年。谁又知道是否有正确答案呢？重要的是大家真正在解决这一难题。

罗麦尔很勇敢，分享了自己的答案，让大家修改，因为他犯了一个很多人都会犯的错误。我们一起给他鼓掌。

错得好！很有价值！

四、实施深度备课，提高错误识别、应对率；克服潜意识举动，尽量不要暴露对学生回答的态度

平常教师备课多关注有效问题设计、活动流程、目标达成，道格·莱莫夫建议把备错误答案预设与应对纳入深度备课范畴。建议个人或团队研究或思考，学生对设计的问题回答、解决可能出现哪些错误及相应应对提示、引导策略，还要备这个问题的追问、拓展策略。即预设学生可能的思路及应对策略。

学生回答时，教师还要注意克服一些暴露态度的潜意识举动。因为这些举动若一次次重复，原本要传递给学生的真实意图会大打折扣，因为学生会揣摩、感知这些行为，所以教师对这些举动一定要加以控制。

五、挖掘、利用错误，促使课堂动态深度生成

学生出现的问题、错误，若是在预设范围内或仅是个别、少数的，为了保持正常进度，可私下、课后解决；若是超出预设、极有价值的或共性的、影响后面学习的，可采取深度挖掘策略，顺着学生思路找到问题症结，追根溯源、深度分析，把错误答案变成正确答案，让课堂呈现动态的不可重复的精彩生成。

六、鼓励学生尝试、挑战更难问题，勇于第一个把自己的见解与同伴分享

给学生的最好奖赏是一个更难的问题；试错是最有效的学习。面对陌生的、不确定的问题，敢于第一个把自己的想法、见解抛出来给大家做靶子、评头论足，是非常可贵的。教师一定要表扬这些学生，因为他们的不成熟甚至幼稚的观点，成了激发团队头脑风暴、群体思维的触发点、参照点。

七、运用巩固性纠错、变式纠错、持续性纠错策略，尽量从根源上解决问题

巩固性纠错有两层含义：一是教师讲评时尽量让学生聚精会神专注地听讲、思考，忌忙着往试卷上抄答案，表面上看学生试卷上写得满满的，好像都掌握了实际上还是不会，正确的做法是在课后让学生

不翻阅任何资料独立订正；二是教师或学生自己还要找一至两道同类型题巩固，防止学生订正时不理解，是模仿下来的。

变式纠错指的是针对此题题型变换一下条件与结论看学生会不会，也可以让学生自己编题，互相考一下。此外，还有另一层含义，指不能就题论题，而要一题多变、一题多问、多题归一变式讲评。

持续纠错指的是要解决当时听懂、过后又不会的问题，要依据遗忘曲线规律反复巩固消化。试卷上的错题，要求学生当天规范订正，并在错题前面标上星号，隔一天再把错题看一遍，会的放过，不明白的标上二星，隔三天再看二星的题，同样，会的放过，不明白的标上三星，一个月后只看标有三星的错题，直至全部搞懂为止。

总之，不要就题论题去纠错，要让学生从多角度梳理、消化本题涉及的知识点、公式、原理，还要从思维、思路、方法拓展上对存在的问题深刻剖析，即从根源上去解决。

高期望文化在新课堂如何落地

教师的期望会传递给被期望的学生并产生鼓励效应，使其朝着教师期望的方向变化。这是著名的罗森塔尔实验结论。

只有走在发展前面的教学才是最好的教学；以高难度进行教学，能促使学生在掌握教材时产生一些特殊的心理活动过程。这是赞科夫高难度教学原则的核心主张。

大脑就像肌肉，经历高强度的学习体验后会变得更强壮、更聪明。这是脑科学见解。

可见，相信学生能挑战高难度任务，对学生学习产生高期望，是有科学依据的。

课堂容量小，问题碎片化并提示过度，讨论展示低水平重复，廉价掌声过多，个别学生游离于课堂之外，对学困生彻底放弃……上述罗列现象已成为某些新课堂的通病。这些问题的出现或多或少与高期望文化缺失有关。

那么，高期望文化在新课堂如何落地呢？

一、课堂上教师对课堂秩序、学困生学习成效心理预期不能降低

实际教学中,一些教师对课堂秩序、学困生学习成效心理预期非常低,"这些学生就是学不会,让华罗庚来也教不会",认为部分学生游离于学习活动之外很正常——"课能上完就不错啦",甚至对一些学困生彻底放弃。

课堂上学困生彻底放弃学习多是源于教师先放弃了学生,学生从教师的眼神、行为中是能感知到的。若教师心理预期低,课堂上学困生表现会超出想象、失控,会一塌糊涂,不可收拾。因此课堂上教师对课堂秩序、学困生学习成效心理预期千万不能降低。

二、课堂上不给学生负面暗示,教师对学生高要求要让学生理解

课堂上,教师轻易不要说:这些是选学内容,中高考不考;这些内容课标要求太高,多数学生学不会;这次考试题太难,考不好很正常……即不给学生负面心理暗示、诱导,务必要用自己的高期待言行感染、暗示、诱导学生对学习内容产生高期待,去接受挑战,去思维冲浪,去挑战自我。

不轻易放过逃避回答问题的学生,对学生多次追问,让学生习作二次修改,让学生答案规范严谨,等等,同时一定要让学生明白教师的良苦用心——老师绝不是对自己有成见,有意找碴、刁难自己,而是对自己高要求,对自己期望值高。如此教师高期待得到学生理解、认同,才能让学生产生学习内驱力,达到良好行为效果。

三、激励、诱导学生自我觉醒,对自己的学习产生高期待

要让学生从事例与自身感受中,改变对学习、成绩的认识,的的

确确从固定型思维转化为成长型思维，内心真接纳并践行。

投入学习—遇到困难—发出求救信号—被无视（无回应）—求救失败—无法完成—失去兴趣—放弃，这是上海陈静静博士对学困生成因的形象描述。第一时间关注学困生在学习中遇到自身无法克服的困难时用肢体语言发出的求救信号，是打破、斩断成因链的突破口，也是学困生从习得性无助中走出来的关键。

课堂上要满足学生尤其是学困生的需要与被需要，让他们感到自己是重要的，被小组团队接纳，有尊严地在集体里生活和学习。

可见，"我是重要的""我真的能学会""同学会帮助我学会"，这种积极的心理暗示，对学生自信心保持是非常重要的。

四、课堂上教师要有智慧和策略，每一个学生都有高期待

教师从内心务必要树立这样坚定的信念：从最后一名学生教起，不放弃、不抛弃每一个学生，不让一个学生掉队。

比如，提问时，有学生站起来干脆地说"不知道"，就不再理你时怎么办？道格·莱莫夫给出了答案：让全班百分之百的学生参与课堂，杜绝退出，鼓励学生有问必答。

道格·莱莫夫的做法，是要让学生明白，在课堂上，若提问时不能说出正确答案，教师绝不放过，回避、逃脱根本不可能。

学生说不会，可能是真不会，可能是带有情绪，不愿回答，也可能是在课堂上只要说不会，教师就提问别的学生，该生就解脱了。

在课堂实际操作中，可采取如下方法：教师提供答案，学生重复答案，若还是不会，可再重复一次；另一位学生（或全班学生）提供答案，第一位学生重复答案；教师给出提示，学生根据提示找出答案；另一位学生（或全班学生）给出提示，学生根据提示找出答案。课下化解学生敌对情绪，避免出现多次提示仍拒不回答的尴尬情况。

又比如学生起来回答问题时，一时卡壳进行不下去时怎么办？要思考学生卡壳的主要原因：一是问题中某个词语不理解导致不明白问的是什么；二是条件与结论或旧知与新知建构时逻辑推理出现障碍；三是知道答案，但语言表达困难，当然也不排除学生走神不知道教师问的问题是什么这种可能。

当学生不会回答或回答问题卡壳时可予以提示：①提示答案的位置，比如"谁能告诉他在哪里可以找到答案？"②提示下一步该做什么，比如"谁能告诉他接下来该做什么？"③教他所缺旧知识、方法，搭桥或分解问题。④教他术语的另一个名字或意思。⑤帮他识别错误，比如"谁能告诉他错在哪里？"⑥让学生自己说出不明白的地方。要注意：是提示而不是暗示。

五、课堂上教师对学生的回答要高要求

先来看教师在课堂上对答案的回应误区：

误区 1　学生答案不完整或遗漏重要限制条件时，比如：什么叫平行线？什么叫二次函数？学生回答漏说在同一平面内、$a \neq 0$ 这些重要条件。又比如：什么叫名词？学生只回答了"表示人、事、物、地点名称的词"，少回答"抽象概念的名称"。再比如：课文写了哪些花？学生答案漏掉某种花等，即答案不完整。对于学生的回答，教师随意说出"对""正确"，接着把完整答案或想让学生说的答案说出来，造成学生没有感知到教师的答案与自己的答案的不同，自认为回答对了，自我感觉良好。

误区 2 学生的答案意思对，但没用专业术语表述，政治、历史学科最为明显，学生用"大白话"说出来。对于这样的回答，有些教师经常说，"不错，就是这个意思"，接着用专业术语表述标准答案。这样，真正考试时，学生答案仍然不规范，因不会、不能熟练使用专业术语而失分。

误区 3 学生答案有语法错误或步骤不完整、表述逻辑混乱时，教师视而不见，仍以肯定为主，造成学生大考时不能有理有据表达或按程序规范作答。

误区 4 让概括，学生举例子，或反之；让回答下一步骤，学生答整个步骤；让回答怎么改正，学生指出错误……面对这些情形，教师内心接纳学生明白、理解了，而没有指出答非所问，长期这样会造成学生不会审题或忽视审题，这在考试中是非常忌讳的。

误区 5 学生回答时断时续或卡壳时，有些教师应对"不错，已回答一部分"，"可能有点紧张，一时想不起来"；学生刚回答完，有些教师不留等待时间、后续不追问，立马评价反馈。

总之，对学生回答的应对是有讲究的，学生试卷中暴露出的问题与教师课堂上不恰当应对有一定关联。因此，教师对学生课堂上的回答一定要秉持"对就是百分之百正确、对就是满分"的高标要求，切莫为照顾情绪，评价时含糊其词或表扬过度，让学生误认为瑕疵答案完全正确。年轻教师们切记，课堂上对中等生的答案，教师慎用"对、正确"来回应。

六、课堂上对学生的回答要进行多层次追问与拓展，让学生思维运行在能力极限边缘

提倡多元追问。一是学生追问学生。通过追问让对方认识到自己的问题，其主要意义在于持续探究与相互启发。二是学生自我追问，引发学习的自我反思、监控与调节，这是一种元认知的能力表现。三是学生追问老师，多为请教质疑。四是老师追问学生。通过教师追问将学习与思考推向深处，或"孵"出学生的追问。

其中自我追问可以这样进行：我是怎样发现这个问题的？我的计划是否明确，我接下来做什么，我怎样做更好？完成这个任务，需要哪些条件？反思一下自己解决这个问题的过程、方法与步骤，与别人相比较，是否有差距，有没有需要完善的地方？元认知追问可以这样推进：自己学什么？怎么学？学了以后怎么样？前者是对于学习内容的思考，中间是对于学习过程与方法的反思，后者是对于学习价值的判断。

"假、例、比、替、除、可、想、组、何、类"等十个字会让教师追问变得卓有成效。"假"就是以"假如……"的方式追问；"例"就是让学生举新的例子；"比"就是让学生比较两个概念或问题的异同；"替"就是让孩子想一想有什么可替代的；"除"就是让学生思考"除了……还有什么"；"可"就是问学生可能会怎么样；"想"就是让孩子想象各种情况；"组"就是把不同元素组合在一起如何；"何"就是六何——为何、何人、何时、何处、何事、如何；"类"就是让孩子类推各种问题。

七、课堂评价上，学生答案确实超出预期才给掌声，绝不能让表扬模糊、廉价

称赞，就像青霉素一样，不可随意使用，其使用必须遵循一定的规则，时间和剂量都要格外小心，否则将会引起不良反应。

对孩子模糊评价，如"你真棒""你太聪明了"等，让孩子不知

好在什么地方；而廉价掌声会让孩子患上赞美疲劳症。为此，我们对孩子的赞美要坚持这样一条原则：夸奖孩子的努力和成就，而不是品性与人格。如果孩子被称赞聪明，那么他很可能不再愿意接受富有挑战性的学习任务，因为他不想因为冒险而失去高分，即变得不聪明。相反，如果对孩子付出的努力进行夸奖，那么他对于艰巨的任务就会更加坚持不懈，因为他不想因为放弃而变得不够努力。

总之，当学生达到教师期望时，可以给予肯定，但只有学生回答、表现超越教师的期望值才可提出表扬，这时教师不提示班上学生也会情不自禁、发自内心地主动送上掌声。

责任文化在新课堂如何落地

"没有使命感的教育是盲目的,没有责任担当的教育是轻薄的。"北京师范大学肖川教授在《教育的使命与责任》中如是说。可见教育只有具备了使命感和责任担当意识,才具有高贵的灵魂。

课堂上要埋下责任的种子。今日之课堂,明日之社会,一切美好的教育理想最终只能发生并实现在课堂上。

责任赋能。有专家说:一旦学生责任意识被唤醒,责商被激活,潜在的能量就会释放,就会变"给我学、跟我学",为"我要学",学生就会快乐地学习,幸福的成长。

责任引爆自我潜能。责任能让人的才能超水平发挥;责任能激发人的潜能;同时伴随着潜能激发,自信、坚韧等也因责任而养成。

责任与成功呈正相关。责任提升能力,承担多大的责任,就有多大的成功。多一份责任,多一份机遇,多一份成功机会。

因此,必须明确、强化师生在教学行为中各自的责任,认识上做到明责、知责,行动上做到履责、尽责,落实上做到负责、问责。

责任课堂既是教育的过程,又是教育追求的结果。理想课堂需要责任来支撑，目标之一就是培养对家庭、社会、国家和民族的未来负责任的公民。而当今某些课堂上，师生责任失衡；目标达成上，责任担当意识被忽视或淡化。"精致的利己主义""失去灵魂的卓越"成了人们对教育、课堂诟病的代名词。由此可见创构课堂责任文化的重要性与紧迫性。那么，责任文化在新课堂上如何落地呢？

一、课堂上，教师首先要厘清时代赋予自己的新责任、新使命

认识上，要明确课堂是立德树人的主阵地、主渠道，"课比天大"，立课改志，念课改经，走课改路。

要转变课堂上角色定位，教师要做学生学习活动的设计者、组织者，做学习资源的供给者，做学生学习的指导者、点拨者，做学生思维活动进阶的搭桥者。

课堂是学生学习的地方，是学生的舞台，并非教师展示自我的地方，要把自主学习权利还给学生，让学习真实主动发生，让学习深度发生，让学习课后甚至终身持续发生。

目标上，把课堂建构从传授知识、培养能力定位到"改变思维、启迪智慧、积淀素养、点化生命"的核心素养的高度，即为改变思维、启迪智慧、积淀素养、点化生命而教（学）。

方法上，创设民主、平等、安全、尊重、倾听、对话、容错的文化氛围，点燃、激励、唤醒学生，让学生从课堂单纯消费者，变成课堂贡献者。

学科素养目标落实上，除了学习课本知识，还要分享、关注师生经验知识及师生思维碰撞生成的新知识；要关注学科技能，还要关注跨学科技能及社会生存技能；要关注知识创造过程，还要关注利用所学知识解决问题的过程；知识学习要关注结论，更要关注结论获得过程，重视学生在学习中获得的积极、愉悦体验；要关注学生对学科、对自我、对他人的态度，关注社会主义核心价值观入脑、入心，还要关注项目学习、真实情景下学生品质、态度对完成知识学习、方法感悟等的作用。

总之，立德树人、落实核心素养，是教师课堂责任新定位，"课比天大"是职业精神新追求。

二、课堂上，要引导学生践行"我的课堂我做主""我的学习我负责"

调动学生学习内驱力，让学生先对学习产生兴趣，再把兴趣升级到乐趣，最后提升到志趣高境界。

学会放权、放手，充分相信学生。大胆尝试课堂上让学生自主选择学习区，开展个性化的自主课堂实验。当然，若再大胆一点，学习目标、时间、内容、方法、路径、顺序、方式、方法、工具、结果呈现、考评方式也可让学生自主确定，进而引导学生认识到学习是一种责任，自己要对自己的学习负责，要学会学习，要会选择适合自己的学习方式。我选择，我负责，我担当，我尽力。

三、课堂上师生要严格遵守课堂规则，职责互不越位、缺位、错位

制定课堂师生权利公约，让其成为课堂宪法，规范师生课堂言行。比如某校教师倾听条约如下：①教师不可以打断学生的发言，要静静地等待学生发言完毕。②学生发言不正确时，不可以大肆批评和过度指责。③对基础较差的学生，教师应该多给机会，倾听他们的心声。④教师要认真倾听学生的发言，指出不足，提出建议。⑤老师讲

课时，可适当记录重要知识点。⑥别人发言时，应积极思考，对发言的内容进行全面思索，做到记住关键意思、找出问题、寻求灵感、提升补充。

构建"自我约束—小组约定—班级课堂规则"三级链条体系，让个人、小组、班级文化构成"细胞—组织—器官"的文化系统，让学生全程参与制度制定，理解制度内涵，把制度内化为规则、习惯。

把自己的责任推给别人不道德，同样，将别人本应承担的责任包揽过来，也是不恰当、不道德的。因为你剥夺了人家担责、成长的权利。因此师生、干部在履行自己的职责时要做到不越位、缺位、错位。

四、在课堂协作学习团队中，形成相互依赖的精神共同体

构建"让同伴因我的存在而感到幸福""让同学真正成为'同学'"的合作文化，从单打独斗彼此竞争的个体学习走向合作共赢的协作学习，让小组成为相互依赖的精神共同体，组员全力以赴甚至牺牲个人时间、精力甘于为团队利益、团队目标、团队愿景去拼搏、奉献。

组内合作学习时，像计时员、记录员、提醒员、鼓励员、汇报员等角色，组员轮流担任，学科组组长、行政组组长也实行轮岗制。我管别人，别人管我；我为别人服务，别人为我服务。分发作业、管理学具、整理组桌等工作，组长分配，组员认领。小组考评不理想或组内有成员犯错时组长要主动担责。组长要对自己没有尽到提醒督责义务，导致同学犯错，连累整个团队，进行深度反思，自领惩罚，从而感化犯错学生，让其产生惭愧心，感受到团队每个人的关怀；犯错学

生能把自己犯错误的经过和原因,如实陈述,组员要认真倾听,给予理解,并换位思考,让犯错学生不抵触,不隐瞒;对同学所犯错误,要正确引导,让其真正认识到自己的错误,对自身犯错引发的后果以及对团队造成的恶劣影响不推诿,不搪塞;当犯错学生充分认识到自己的错误后,让其坦然接受组规惩罚,并向所在团队道歉,表明悔改态度。

定期召开小组评价反思会,借助自我评价、同伴评价,让学生对合作学习时履行职责情况进行解剖、反思,在重塑、重担责任中自教育、共成长。

可见,好课堂,责任不能缺席。坚定的信念,远大的目标,敬畏、遵守规则,乐于合作、分享,反思后的改进……这些细节筑成了课堂责任的基石。夯实这些细节,使之成为师生潜意识的行为习惯,责任文化方可落地,责任文化才能转化为行动力。

课程理念再生长与新跨越

"为未知而习,为未来而育"是陈中(郑州陈中实验学校的简称)人的教学信仰;"教是本分,育是功夫"是陈中人秉持的教育态度。陈中在审视教与学、学与习、教与育关系基础上,提出了以学为中心、读研说练为核心的习育课堂模式,同时课堂植入了思维、学习工具,进而改变了教、学、习、育的关系、结构、性质;随着习育课堂的推进,其逐步认识到课堂改革深处必然是课程改革,"怎么教"与"教什么"改革同等重要,为此,陈中人又大胆进行了习育多元课程体系构建探索。

陈中习育多元课程体系包括学育课程、自育课程、化育课程。学育课程是以知识建构为中心的课程模式,旨在传承并创造新知识;自育课程是以学习者为中心的课程模式,鼓励表达激情、渴望和爱;化育课程是以社会为中心的课程模式,重在培养社会公民。如今,陈中习育课程体系以单元+、学科+、课程+为载体,实现了课程理念再生长与新跨越。

课程理念迭代生长图谱

课程探索1.0版：单元+

理念：立足于单元或跨单元知识的统整、拓展、应用，实施大概念教学、追求理解的教学设计。

探索：单元整理课、单元纠错课、单元主题迁移阅读课、单元学科实践活动课等。

单元整理课：①推出单元整理卡。整理卡可分三大部分：一部分用于整理知识点、认知策略等；一部分用于记录遗存有待解决的问题，以及学后自己又提出的新问题；一部分则利用单元所学知识解决生活中一至两个真实问题。②尝试学习成果汇报单。一份学习成果汇报单就像是一篇反思总结、应用创新文章，是学习效果可视化的"产品"。可以是对教材的认识和理解，可以是个人观点陈述，还可以是应用之后的新见解与创造，当然也可以是动手制作"产品"。

单元纠错课：以往对待作业、练习册，只要求学生在学习新课时，对本节课练习中的错题进行纠错，我们称之为节后纠错。而一个单元学完后，让学生站在单元视角二次审视单元错题，进行更高站位的消化巩固，我们称之为单元纠错。节后纠错是基础性纠错，单元纠错是更高站位的系统纠错，两者结合让纠错构成系统。

单元主题迁移阅读课：从"学习阅读"到"通过阅读来学习"。迁移阅读，引发知识的多维触角，促使学生体悟单元内容，培养起学科知识迁移与整合的高阶能力。

单元学科实践活动课：课堂学习是从生活走向学科，实践活动是从学科再走向生活，实现教学完整循环。比如，一直以来数学课堂多侧重于脱离实际生活的虚拟情境中的讲题、练题为主打的解题模式，如何从解题走向解决实际问题、如何让学生真实感受到数学在现实生活中的价值，一直是我们关注的焦点。五年级数学组以"出租车计价问题"为主题的单元＋课程创意策划值得借鉴：课前让同学们先调查研究生活中的出租车计价问题，收集相关信息；课上提出问题、分析问题，归纳总结、建模；课后拓展到水费、燃气费计价问题、手机流量问题等研究。旨在借助生活中的真实情境，让孩子体验完整的学习流程"发现问题—提出问题—分析问题—解决问题"，感受到数学在生活中真正有用。

单元＋课程思考：单元＋聚焦的是单元知识的习得应用；属于项目学习；实现解题到解决实际问题的转变；从模仿、近迁移走向创新、远迁移；小主题、短周期，几节课就能完成。

课程探索2.0版：学科＋

理念：聚焦学科素养个性化培养，构建学科课程群、课程谱系，实现国家课程校本化。

探索：语文＋、数学＋、英语＋、政史地＋、理化生＋、艺术＋。

从把课本、教材当成学科课程，走向建构结构化、网络化、体系化的学科＋课程群，追求拓展、开放、个性、多样的成长与视野。

语文＋课程思路与实践：集中识字、提前读写课程；主题海量阅读课程（绘本阅读、经典诵读）；分级阅读课程——共读＋推荐＋自读；名著导读课程（整本书阅读课程）；高效读写课程；读写一体化、生活写作一体化课程（后写作课程）；MV写作课程；屏读课程（说写课程、信息课程）；三小课程——小演讲家、小作家、小主持；社会信息交流课程。

学校为新教育实验倡导的"晨诵、午读、暮省"赋予了新的内涵，开发出了颇受学生喜欢、家长好评的"四微课程"——激情晨读、新闻速记、自我教育日记、今日分享。学生在激情诵读中放飞梦想，在时政语文里浸润价值，在自我教育中完善品质，在分享表达中激扬生命。

数学＋课程思路与实践：数学阅读课程；全景数学课程；数学游戏课程；思维、逻辑训练课程；项目学习课程；数学建模课程；小课题研究课程；数学故事、日记课程。

英语＋课程思路与实践：绘本阅读课程；影视配音课程；考级阅读课程；听力训练课程；国际理解课程（文化）；老外看中国课程（思维）；高效记忆课程；阅读理解力课程；童话剧表演课程。

理化生＋、政史地＋课程思路与实践：探究实验课程；创客课程；三生（生活、生存、生命）课程；三志（志向、志气、志趣）课程；历史剧溯源课程；道德长跑课程（技能教养训练课程）；河南节课程（民族课程）。

艺术＋课程思路与实践：奥林匹克课程；音乐语言、美术语言、文学语言表达转换课程；等等。

学科＋课程思考：聚焦学科素养个性化培养，强化、拓展、拔高某一项学科素养；学段与学段之间的学科＋课程要有机联系，成体系，够系统；其典型特征是大主题、长周期；学科旨在构建学习力课程群——全学科阅读课程、高阶思维课程、高效表达课程、学能训练课程。

课程探索 3.0 版：课程 +

理念：围绕要培养什么样的人确定素养培养目标，然后明确需要什么样的课程体系作为支撑，即校本化课程体系构建；学校课程、家本课程、社会课程融合，实现教材逻辑与生活逻辑对接，生活即学校，社会即课程，世界是孩子们的教科书；跳出狭隘学科观，倡导跨学科项目学习，关注学生未来要具备的综合素养。

探索：STEAM 项目学习课程、综合实践活动课程、家本课程、场馆课程、研学旅行系列课程。

STEAM 项目学习课程：让学生完整做一件事，需自主探究、有成果、可展示的事。从先学知识后解决问题，走向在解决问题中学习知识；从储备式学习，走向应用性学习。

综合实践活动课程：不能用学科综合实践活动代替综合实践活动课程。全面落实该课程性质与目标：从个体生活、社会生活及与大自然的接触中获得丰富的实践经验，形成并逐步提升对自然、社会和自我之内在联系的整体认识，具有价值体认、责任担当、问题解决、创意物化等方面的意识和能力。

家本课程：包括家庭教育指导课程、情境观察课程、亲情体验课程、家庭新生活课程、家庭社会实践课程。当前已成熟的家本课程实践有：推荐观看优秀影视作品的影视课程；读名著、赏名画、听名曲的"三名"课程；烹饪、茶艺、养花等生活技能、习惯养成课程；看星星、听虫鸣、观蚂蚁、小制作、小实验等观察大自然及科学探究课程；旅游、走亲戚、交朋友、看长辈的交友、游学课程；网上购物、购票等体验互联网便利的互联网＋生活课程。

场馆课程：充分利用省会城市场馆的优势，一是从学生真实的认知需求出发，为学生提供充足的自主学习的空间；二是联系学生已有的"生活经验"，使课程成为学生个体"经历经验的重组"；三是打破学科之间的壁垒，实现课堂内外教学资源的统整。让学生初步经历场馆课程的体验式、探究式学习，唤起学生对场馆学习的兴趣与欲望，学会文明参观，学会动手实践、自主探究，小组合作、交流展示。

研学旅行系列课程：把世界当作教材，把社会当作学校，把天地当作教室，让学生走进高校、企业、社区、农村、军营和大自然，将教育教学活动置于现实生活中。为避免简单的"教育+旅游"、粗放的"讲解+参观"、拼凑的"主题+活动"、随意的"景点+课本"，研发了游学课程指南，编制了《游学课程建议手册》《游学课程教师指导手册》《游学学生活动手册》，设计了过程性评价、展示分享项目及关键评估点。

学校课程+思考：打破学科、学校课程壁垒，打破学习时空边界，倡导居家+、网络+、自主+的多样态的个性化学习。习育课程体系包含学校课程、家庭课程、社区课程三维；它是一个整体，它的目标指向都围绕一个中心——人的综合素质的全面提升和人的全面发展，即核心素养的培养。传统学校课程重在培养学生的学科素养，而忽视了社会素养培养，习育课程体系的构建带来了改变，把核心素养培养目标，统筹兼顾地分解到了学校课程、家庭课程、社区课程层面。

习育课程体系倡导的课程理念是：问题我发现，课程我生成，解决我探究，经历即成长。未来理想的习育课程是：孩子发现了许多问题，因对某个问题感兴趣，学校教师就提供资源、平台并引导学生去生成、实践这个鲜活的自课程。

单元+、学科+、课程+实践的积淀感悟

1. 设计课程就是设计孩子的未来。课程构建为学生成长提供丰富的精神配餐，同时能满足不同潜质学生的发展需要。学校特色必须通过课程化来实现；课程特色，是学校最大特色。

2. 校长对学校课程的领导不能缺位，学校必须架构国家课程、地方课程、校本课程以核心素养为主轴整合后的综合课程体系；制定《校本化课程实施纲要》，对课程结构、体系、目标，以及课时分配、资源开发、考核评价等做出约束性规定。

3. 学校必须依据学校办学目标、育人目标来确定要构建什么样的课程体系。学校课程体系不能是拼盘式、碎片化的，不能有什么，开什么，而是缺什么，补什么，要讲究营养平衡，构成科学、系统、网状式体系；特色课程不是凭空杜撰出来的，而是生长出来的。

4. 成熟课程也需要迭代升级，一门课程的成长实质上是师生素养的共同发展。

《模块+：三探行程问题》的创意设计及理念解读

课程背景

小学阶段，具有真实情境性质的行程问题是培养学生解决实际问题能力的一个重要载体。目前对这一模块的复习多数老师惯用的方法是按照不同的题型分类给学生讲授，学生再去强化练习。单从应试视角看，这样授课会造成分专题练习时，学生都会用套模板的方式做题，但在综合测查时，却因为分不清题型而无从入手。老师讲了无数的题，无数的类型，学生却越学越乱，越写越错，更不要说改变思维、积淀素养了。究其原因，纯粹是相似情境近迁移的教学立意惹的祸。基于这种现状，我尝试设计了《模块+：三探行程问题》这节课，旨在引导学生利用数学建模思想，自主总结行程问题的关键条件，从条件入手进行分类和研究，最终探讨类型之间的演变和关联。

学习目标及学程设计

学习目标

1. 通过自主编题，能说出行程问题四要素的重要作用，提高信息摄取、梳理的能力。

2. 结合线段图，找到隐含的等量关系式，会熟练解决行程问题，强化数形结合的思想。

3. 合作探究四要素的不同组合，将行程问题进行分类，能说出不同类型之间的演变、关联，发展数学建模素养。

学程设计

本节课的学习导航地图设计了三个模块：

第一模块为课前热身赛，包含初赛和复赛，主要帮助学生回顾行程问题的基础知识。初赛：自编自答，即自己选择条件和问题，配上连接词，编写一个应用题并解答，且解答时要求按照题目、四要素、等量关系式、列式解答四个步骤完成。复赛：自编他答，即自己作为出卷人，结合初赛时给出的信息，再编写一个完整的应用题，和其他小组交换答题并评讲。结合学生出题、做题时由于忽视四要素而产生的问题引出第二模块的探究。

第二模块是三探行程问题，这也是本节课主要研究的问题。探究一的主题是行程四要素，要求经过对研和组内研，填写运动方向、出发地点、运动时间、运动结果行程四要素类型表，并以小组为单位，利用自己制作的学具进行分享和展示。探究二的主题是四要素的不同组合与分类，要求：经过组内研先总结出本组会的类型，以及该类型对应的四要素、线段图和等量关系式；然后小组代表分享本组的研究成果，其他小组进行质疑、补充，以及提出新的观点；最后，进行群研，即各组代表到别的小组进行交流和辅导。探究三的主题是类型的演变和关联，这个问题需要深刻思考，因此留至课后完成，利用课下时间进行深入探究，在每天的今日分享中进行分享。

第三模块为学习反馈卡。第一项为数学日记，要包含三个方面的内容：第一，用你喜欢的工具总结行程问题的知识点，如大括号图等；第二，总结行程问题有哪些类型、注意事项是什么；第三，记录专题学习中你遇到的问题及解决过程。第二项要求解答一道因运动方向不明确而需讨论分类的应用题。第三项要求给出一个算式，编写一道应用题。

创意设计及理念解读

一是，让学生体会角色的转变，由做题人变为出题人。做题时不注意的细节会在出题时被关注到，这样能够避免因为条件表述不清，而出现题目理解错误的情况。这也是通过逆向思维来强化学生的审题、做题习惯。

二是，学习地图的设计也很新颖。首先，通过热身赛中的不足之处，引起学生对行程条件的关注，引出三个探究问题。其次，这三个问题层层递进，由关键条件的研讨，到自主归类总结，再到类型之间的演变和关联，从浅层问题到深入思考，环环相扣。打破常规的讲题、讲类型，让学生自主研究，从一类题到多类题，从解决题型到改变思维。

三是，学习反馈卡的使用也是一个创新。数学日记包括用学习工具对知识点进行梳理和总结,以及对解决问题策略予以回顾,既有知识的习得,又有对元认知能力的培养;真题演练中,分类讨论的应用题,旨在正向考查学生对行程四要素的理解和掌握;给出算式,编写应用题,旨在通过逆向思维考查学生的表达能力。

四是,教师由学习的主导者变为辅助者,学生真正成为学习的主体。例如:课前准备由老师准备教具变为学生自制学具;课前测由老师出题变为学生编题;课堂上由老师讲解,变为学生以各种形式进行自主研究和分享对话;课后由老师总结知识点到学生自己梳理、总结并记录。

五是,让孩子带着问题走入课堂,带着问题离开课堂。整个环节自然流畅,包括学生自问自探、合问合探、课后再探,这就构成了一条完整的学习链。

效果反馈

课后教研组进行议课时,对本节课给予了高度肯定。如李书德老师说:"本节课,学生有知识的建构、方法的习得,也有能力的提升、思想的渗透和素养的提升。整体可用以下三句话概括,即学生命题学生做,传统问题要打破,三探行程提素养,解决问题要建模。"另外,"本节课的三探本质上是'题目—题型—题型'演变关联的升级,就如同由只见树木不见森林,到看见森林(题组训练),最后到植树造林的素养与思维双生长,逐步培养学生深度学习的能力,使其由浅层思维走向高阶思维。"郝江会老师如是说。

(郑州陈中实验学校　王晓培)

《试卷讲评课》的创意设计及理念解读

设计背景

　　试卷讲评课是一种特殊课型，于学生于教师都非常重要。但传统试卷讲评课往往存在以下弊病：通报考试情况环节，受表扬的只是个别优秀学生，有的教师竟讽刺挖苦学困生、发泄个人情绪，极易打击学困生对学科的热情及学习积极性，导致恶性循环；讲评试卷时，逐题对答案，无的放矢，学生被动学习，枯燥乏味，也容易出现"优生陪学"的现象；讲评重点题时，教师就题论题，不能一题多变、一题多问、一题多解、多题归一，不能让学生触类旁通，从一题概括出一类题的解题思路和方法；课后纠错停留在表面，没有引导学生从根上彻底纠错、巩固性纠错，更没有对考试得失从元认知层面进行专题性反思总结，导致学生经常犯重复性错误。针对以上情况，我有意进行试卷讲评课的一些微创意设计探索。

学习目标、学程设计

学习目标

1. 借助对考试成绩科学激励性评价,增强自主学习数学内驱力。

2. 通过三级订正、六步纠错,解决试卷中未掌握题型的解题思路,完善与之相关的思维模型。

3. 运用考后分析、学习因素雷达图,进行自我反思,提升自己的元认知能力。

学程设计

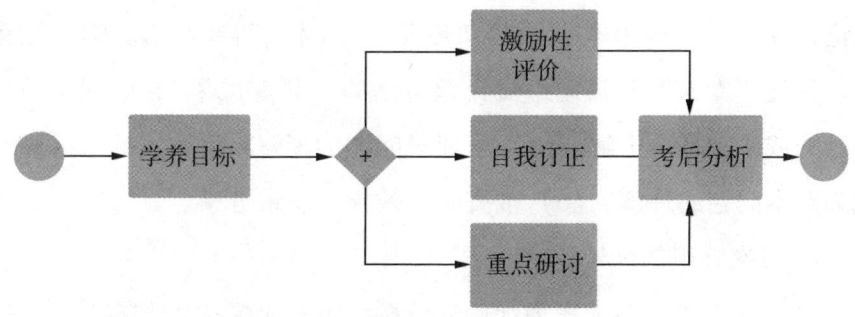

1. 运用图表对本次考试结果进行激励性的正能量评价,旨在保护学困生的自尊心,又能让学生认识自己的位置;从成绩、进步、小组合作等多个角度对学生进行评价,鼓励学生关注学习过程,激发学习内驱力。

2. 个人自我订正,询问他人讨论订正,旨在引导学生审视错误原因,给错题归类,生生互助,调动学习积极性。

3. 根据问题研讨卡进行重点研讨。

4. 完成考后分析卡,绘制学习因素雷达图。

创意设计及理念解读

创意设计一:主题学习组(二次分组)的运用

1. 基本操作

二次分组主要有六步:(1)确定小主题。围绕学习总目标确定若干小主题,小主题数量应与小组成员数量相同,从而保证同一学习小组的成员拿到的主题是不一样的。(2)成立主题研究组。各组拿到相同主题的同学,形成新的小组。(3)组织学习。围绕共同的问题组织讨论,保证自己成为本主题的"专家"。(4)回到本组。学习结束后,各位"专家"轮流向组员介绍自己的"研究成果",确保组员对自己的成果有基本了解。(5)形成对问题的理解。将大家的成果整合成为对本问题的理解。(6)抽查学习效果,全班分享。

2. 二次分组的好处

(1)人人参与,人人为师,充分调动每一个学生的积极性;(2)学困生不再单纯地"被输入",有助于树立学习数学的自信心;(3)倒逼学生梳理、消化涉及的知识点,还要从思维、思路、方法上对存在的问题深刻剖析。

创意设计二:问题研讨卡的设计

问题研讨卡的内容,是根据本节讲评课的需要整理出来的专供研讨的材料。四道研讨题目按照试卷原题变式、一题多解、多题归一、分类讨论等程序组织，让学生感受数学思想的运用，提升数学素养。

创意设计三：考后分析卡的使用

考后分析卡由四部分组成：一是答题过程与结果的反思，二是六步纠错，三是品析好题，四是学习因素雷达图。通过考后分析，可以提升学生的元认知能力。

其中，学习因素雷达图，是将学生的学习因子、学习内容、学习品质各要素评估为优、良、中、差四个层级，将相关联的评估点连接起来后就可以观察出学生的发展现状和最具潜力发展区域。学生根据个人情况绘制，有助于进行自我剖析。

效果反馈

本节试卷讲评课得到了与会老师和专家的充分肯定。

参会的杨老师说："整节课的设计充分体现了二次分组的学习真谛，真正地让每一个孩子都参与到了学习中来，在二次学习中，学生产生了深度学习、高阶思维。""本节试卷讲评课是习育课堂模式下一次成功的探索和创新。课堂上有知识的巩固，有方法的建构，有解题能力的提升，有数学思想的渗透。"国家级骨干教师、陈中教研室专家李老师如是说。

最后，李老师还用顺口溜对本节课进行了概括：考后表彰动力加，三级六步纠错法，读研说练四环节，扫描诊断靠雷达。

（郑州陈中实验学校　侯艳慧）

《圆的复习课》的创意设计及理念解读

设计背景

在设计这节课之初,一直在思考复习课的意义,复习课一直都是让数学老师感觉比较棘手的课型之一,课程内容和课程中心难以界定,与习题课常常混为一谈,具体表现在:

课堂目的错位。课堂目的的错位掩盖了复习课本身的作用,在传统的复习课中,学生一味地做练习,教师以题讲题,过分地关注通过练习巩固知识,通过习题建构知识逻辑。在这个过程中,忽视了复习课教学沟通知识内在的联系、温故知新和融会贯通的目的。

自我建构知识体系欠缺,教师包办代替。对于知识体系的整理和归纳,每个学生都有一套自己的理解和分析,所以许多教师对学生不敢放手,不予信任,不放心学生自己整理,主观地将自己精心整理的知识框架,生硬地灌输给学生,这就带来了一系列的问题,比如:学生们在理解时,能充分吸收吗?教师替代学生进行知识复习梳理,学生对知识网络还怎么形成个性结构化的认知?

课堂效率低下。教师在复习课教学过程中的指导能力和提升能力不足，过分关注教案的执行和标准答案的揭示，忽视了复习课中学生的综合能力与思维水平的进一步提升。说到底，数学复习课教学中的问题直接导致了其教学过程育人价值的窄化。知识复习课教学过程是学生对所学知识通过系统复习整理实现个性化和创造性的占有过程，教学的目标任务就是学生对所学知识形成结构化的认知和融会贯通的能力。

为此，我在六年级《圆》这一单元复习时进行了如下创意策划。

学习目标、学程设计

学习目标

1. 尝试用多种方法整理本单元知识，构建、完善个性化的知识体系。

2. 从思维、建模视角，查找薄弱点，让思维生长。

3. 多维视角反思学习过程，提高自己的元认知技能。

学程设计

1. 开门见山导入，说上一节单元知识合作整理课。

2. 出示并解读学习目标。

3. 展示分享知识整理卡。

4. 问题卡使用：思维、题型查漏补缺（研、展、测）。

5. 课后反思卡运用。

创意设计及理念解读

通过知识整理卡，完成知识个性化系统建构

（1）选择喜欢的方法整理本单元知识体系

提倡采用多种方法归纳总结。每个学生的思维方式不同，整理方法和方式也不同，整体框架逻辑和思维内容也是多种多样的。比如：选用思维导图上挂下联地组合起整个单元的知识逻辑；运用列表法整体分析单元知识点的关系；等等。

从教师梳理单元知识点，变为学生个性化整理，画单元知识点思维导图，变被动复习为主动复习。

（2）小组讨论整合成小组思维导图

一个人整理思维宽度会有不足，可能会在整理方法、整理内容上出现纰漏，所以当自己整理完成后，要将自己的思维导图拿到小组讨论和整理，借助不同的视角来补充或完善，最终全组整理出一张比较完备的思维导图。

（3）分享展示

通过对思维导图的讲解，对整个单元的知识体系、重难点、易错点进行复习，从教师带领复习转向学生带领复习。

运用问题卡查漏补缺

问题卡设计与使用：选择有内在关联的题组以专题复习研究的形式进行教学，帮助学生明确和形成解决问题的基本策略、路径和方法，以提升学生解决实际问题的能力。具体步骤：选择呈现五个不同类型的题目；每个小组认领一个题目，合作研究；五个题目同时展示，学生动起来（允许独立思考）；学生抽题展示或每组抽一个题考试。

复习课的内容导向，应该倾向于整理和归纳，不应该倾向于练习、刷题。所以踩好重难点是复习课的最大一关。那么哪些是难点呢？教师认为的难点，不一定是学生认为的难点，所以要引导学生通过前面对知识体系的复习，以及对自己作业的分析，对自己难以理解的内容进行整理统计，填写问题卡。

问题卡整理出了学生难以理解和攻克的题目，接下来要借助多人的智慧进行分析和整理，你的难点，或许我有更好的方法，即通过学生间自行地讲解和解决，用学生的话语和思路带动学生的思维和思路。

二次分组切片学习，提高复习效率

环节一：选择设计各类型单元难点题目，通过学生自学找出，或教师添加一至两道重点题型题，分别写在不同的黑板上。

环节二：学生独立思考题型的解题思路和方法，解决自己可以独立解决的问题，自查出自己不会或不理解的题型。

环节三：每道题目选择两名完全理解和思路清晰的学生，充当小讲师，站在所讲题目前，准备给其他同学分享自己的思路和方法。选择两个小讲师，是为了有所轮换，一人讲题，一人去其他组继续听讲。然后互换。

环节四：其余同学流动起来，哪道题目不会就去哪道题目的黑板前听讲，一遍不会听两遍。

环节五：所有流程结束后，随机抽题，随机抽选回答人，检测掌握效果。

课后反思卡（学科日记）设计：你在整理单元知识方面又学会了哪些方法？举一个过去不太明晰、现在明晰了的圆的计算的题型；你认为哪道题出得特别妙，妙在何处？遇到棘手问题，一时找不到思路或中途卡壳时，你是怎么解决的？若感兴趣，可探究这个题目（题目略）。可见，这种学科日记创意，起到了刻意练习及让有兴趣学生进行深度学习的作用。

效果反馈

参与研讨的教师认为，本节复习课设计的亮点体现在：多种方法自主合作整理单元知识，尤其是思维导图运用；合作进行题型查漏补缺，尤其是研的形式创新——二次分组切片学习；引入了课后反思卡。

（郑州陈中实验学校　田曦晨）

鸣　谢

　　本书是教研员、校长、骨干教师各自发挥自身优势，三方协作研究、实践的成果，经历了研发、实验、区域推广三个阶段。在此对实验校、区教师们的长期倾心付出表示感谢！

　　本书在写作过程中引用、借鉴了许多同事、朋友及报刊书籍中的观点、事例，在此一并致谢！